中国有色金属工业协会专家委员会组织编写

有色金属系列丛书

# 中国钴业

北京
冶金工业出版社
2012

## 内容提要

本书共分十篇，简要介绍了钴的发现和钴业发展史、钴的性质及主要产品形式、钴资源分布及主要钴矿商、钴冶炼技术与装备、技术进步与创新、钴市场供需、产业资本与资本运营、安全管理与环境保护、行业管理与政策法规及主要生产厂家。

本书简明扼要，浅显易懂，适合于从事钴冶金及相关专业的人员阅读。


**图书在版编目(CIP)数据**

中国钴业/中国有色金属工业协会主编. —北京:冶金工业出版社，2012. 8

(有色金属系列丛书)

ISBN 978-7-5024-6051-8

Ⅰ. ①中…　Ⅱ. ①中…　Ⅲ. ①钴—有色金属冶金—冶金工业—中国　Ⅳ. ①F426. 32

中国版本图书馆 CIP 数据核字(2012)第 188863 号

出 版 人　曹胜利
地　　址　北京北河沿大街嵩祝院北巷 39 号，邮编 100009
电　　话　(010)64027926　电子信箱　yjcbs@ cnmip. com. cn
责任编辑　张熙莹　美术编辑　李　新　版式设计　孙跃红
责任校对　郑　娟　责任印制　李玉山
ISBN 978-7-5024-6051-8
三河市双峰印刷装订有限公司印刷;冶金工业出版社出版发行;各地新华书店经销
2012 年 8 月第 1 版，2012 年 8 月第 1 次印刷
148mm × 210mm；5. 25 印张；102 千字；149 页
**20. 00** 元

**冶金工业出版社投稿电话:(010)64027932　投稿信箱:tougao@ cnmip. com. cn**
**冶金工业出版社发行部　电话:(010)64044283　传真:(010)64027893**
**冶金书店　地址:北京东四西大街 46 号(100010)　电话:(010)65289081(兼传真)**

# 《有色金属系列丛书》编辑委员会

# 《中国钴业》编辑委员会

# 序

为适应有色金属工业发展的需要，普及和提高有色金属知识，提升全国有色金属战线广大干部职工的思想业务素质，促进我国从有色金属生产大国向有色金属工业强国的转变，中国有色金属工业协会组织编写了《中国铜业》等有色金属系列丛书21本。《丛书》集中了全行业的智慧和力量，融知识性、实用性为一体，汇集了当今中国乃至世界有色金属领域的最新知识和信息，深入浅出，通俗易懂，是社会各界学习和提高有色金属知识的好教材和实用工具书。

有色金属是经济社会发展必不可少的基础材料和重要战略物资。有色金属作为功能材料和结构材料而广泛应用于人类生活的各个领域，成为当今高新技术发展和国防军工的重要支撑。目前，有色金属的生产和消费水平已经成为衡量一个国家社会进步的重要标志。

中国是生产有色金属品种最全的国家，门捷列夫化学元素周期表中的64种有色金属都能生产。中国是世界生产和消费有色金属最多的国家，到2011年十种有色金属产量已达3438万吨（快报数），连续10年位居世界第一，年消费有色金属已达3580万吨以上，连续9年位居世界第一。目前全国已有有色金属企业、事业单位3万多家，就业人员360多万。

有色金属涵盖的金属品种多。在元素周期表中，除了黑色金属铁、锰、铬，锕系和超锕系放射性金属外，余下64种金属都为有色金属。有色金属成矿条件复杂，矿床类型多样，矿体形态变化大，元素组合多样，勘探难度大，而且需要综合勘探、综合评价。有色金属结构复杂，多种矿物相嵌共伴生关系密切，选矿和冶炼的技术、装备复杂，工艺流程长。有色金属应用领域广，用途千差万别，材料的研制和加工复杂。有色金属元素在原矿中含量低，富集比都在几十、几百、几千甚至几万以上，导致在采矿、选矿和冶炼过程中固体废物多，节能环保压力大，工艺技术复杂。综合上述不难看出，有色金属产业是固体矿产资源开发利用领域最复杂的产业，有色金属知识领域宽广、博大精深。

建设现代化的有色金属工业强国是全行业360多万职工为之奋斗的目标。我相信，《丛书》的出版发行，对增进全社会对有色金属工业的了解，推动全行业广大干部职工学习和掌握有色金属知识必将发挥积极重要的作用。让我们行动起来，为促进我国有色金属工业的持续、稳定发展，为实现有色金属工业发展的既定目标而奋勇前进。

中国有色金属工业协会会长 陈全训

2012年8月于北京

# 前　言

2011 年 7 月，中国有色金属工业协会要求各品种分会编写一本具有专业性、科普性、趣味性的书，以满足国家宏观管理部门、相关投融资机构、基础专业从业人员对有色金属行业的了解。为此，钴业分会组织相关理事单位积极筹稿。经过一年时间的准备，本书即将面世。

随着科学技术的进步以及人民生活水平的不断提高，钴在不知不觉中来到了人们身边，而且不离不弃。2011 年全球钴消费量 7.5 万吨，其中电池行业占 30%。2011 年我国手机用户超过 10 亿，相当于全国 77% 的人都随身携带了一定量的钴。近两年以“苹果”系列为代表的智能手机和娱乐设施风靡全球，钴对于提供大容量和轻量化的锂离子电池更是功不可没。此外全球有 19% 的钴用于生产高温合金，钴是生产飞机发动机的关键材料。因此，钴为军队装备、商务旅行和百姓出游等提供了物质保障。

钴的用途在此不一而足。看起来钴离我们很近，其实钴离我们又很远。由于我国是一个贫钴国，95%的钴原料需要从非洲进口。近30年来众多企业投身其中，经过艰苦的试验，严格的生产管理，并承受价格波动带来的风险，才将万里之外的钴矿变成身边的可用之物。和其他行业一样，这些企业有成功，也有失败，但无论结果怎样，都值得我们尊敬。

钴是具有重要现实意义的战略金属，无论在战略性新兴产业，还是在高端制造业中都正在发挥或即将发挥重要的作用。希望通过此书能使大家能够认识钴，和广大钴行业一线的员工一道，为我国钴行业的发展贡献一份力量。

在此，向参与书稿编写的专家表示感谢，尤其要感谢金川集团有限公司和钴业分会秘书处对本书写作的大力支持。

由于编写人员能力有限以及矿业冶金行业的特点，最后的书稿还是专业性较强、趣味性较弱，希望广大读者能够理解。对于书中的不足之处，恳请广大读者批评指正。

编　者

2012年6月

# 目　　录

第一篇

# 钴的发现和钴业发展史

## 第一章　世界钴的发现和钴业发展史

早在公元前2250年，钴就出现在古波斯的蓝色玻璃珠内。1735年，瑞典化学家布兰特（Georg Brandt）制出金属钴。1780年，瑞典化学家伯格曼（T. Bergman）确定钴为元素。

德国和挪威是最早生产钴的国家，1874年开发了新喀里多尼亚的氧化钴矿。1903年，加拿大安大略省北部的银钴矿和砷钴矿开始生产，使钴的世界产量由1904年的16吨猛增至1909年的1553吨。刚果（金）自其加丹加省的铜钴矿带于1920年开发后，其钴产量一直居世界首位，赞比亚居第二位。1933年后，摩洛哥从砷钴矿生产钴，其钴产量居当时世界第三位。19世纪前40年主要以火法生产钴为主。

第二次世界大战前夕，芬兰从含钴黄铁矿烧渣中提取钴，战后送至联邦德国氯化焙烧处理。1968年，芬兰建成的科科拉钴厂采用硫酸化焙烧提取钴。

美国几个钴矿由于环保和钴的供求关系，在1959~1961

年间关闭，一直到1972年，基本没有用本国钴矿生产钴。原计划处理古巴毛阿湾镍厂的镍钴混合硫化物的镍港精炼厂，1974年才复产，但是改为处理博茨瓦纳的钴锍。日本、法国、比利时也有规模较大的钴精炼厂，分别处理菲律宾、澳大利亚、摩洛哥、赞比亚的富钴中间产物。这种钴资源国粗炼和用钴工业国精炼的钴冶炼格局至今仍占主要地位。近年来，钴资源丰富的国家也相应建立了规模较大且产品链完整的钴冶炼厂。现在各种湿法冶金已成为提取钴的主要方法。

# 第二章　中国钴的发现和钴业发展史

中国从唐朝起就在陶瓷生产中广泛应用钴的化合物作为着色剂。与世界相比，中国的钴工业起步较晚。1952年，江西省南昌市五金矿业公司用简易鼓风炉熔炼钴土矿产出钴铁。1956年，按此工艺建设了江西冶炼厂，产出的钴铁送至上海三英电冶厂（上海冶炼厂前身）处理。广东省梅县也用同样工艺从钴土矿中熔炼出钴铁送潮州冶炼厂处理生产工业氧化钴。

1954年沈阳冶炼厂以湿法炼锌钴渣为原料产出首批电钴，拉开了中国电钴生产的序幕。沈阳冶炼厂锌系统采用黄药法除钴产出黄原酸钴渣，以此钴渣为原料，通过还原溶解、氧化沉钴产出含钴30%～40%的氢氧化钴，然后再经干燥、焙烧、电炉还原熔炼成粗金属钴，最后用电解精炼法得到电钴。1958 年，赣州钴冶炼厂从当地的钴土矿中生产出氧化钴，由于当地钴土矿资源分散，无法大规模开采，在冶金工业部的安排下，于 1960 年开始处理从摩洛哥进口的砷钴矿。1966 年葫芦岛锌厂首家建成了从钴硫精矿中回收钴的车间，以后又陆续建成了南京钢铁厂钴车间、淄博钴冶炼厂、湖北光化磷肥厂的钴车间。

甘肃金川、四川会理、吉林磐石铜镍矿开发后，硫化铜镍矿又成为回收钴的重要资源。金川有色金属公司的钴回收包括从镍电解系统净化钴渣中生产电解钴和氧化钴，从转炉渣提钴产出的富钴冰铜中生产氧化钴两部分。

1998 年以来，随着中国钴消费量的增加，利用进口钴矿、湿法冶炼中间产品和白合金生产各类钴产品成为了主流。

# 第二篇

# 钴的性质及主要产品形式

## 第一章　钴的性质

### 第一节　钴的物理性质

钴是具有钢灰色和金属光泽的硬质金属，原子序数为27，位于元素周期表第八族，相对原子质量为58.93，属于铁族元素。钴有多种同位素，而只有$^{59}Co$为自然界存在的同位素。

金属钴密度为8.9g/cm$^3$，熔点为1495℃，沸点为2870℃，化合价为2和3，电离能为7.86eV。钴的电导率约为铜的27.6%，纯度为99.95%的钴20℃时的比电阻为$6.248\times10^{-6}\Omega\cdot cm$，钴的电阻温度系数在0～100℃时可取0.006℃$^{-1}$。钴具有延展性及很强的磁性，居里温度为1121℃，与钐、镍、铝等共熔可得良好的磁性钢。

与铁、镍一样，钴能吸收氢，在细粉状态和高温时能吸附的氢为钴体积的50～150倍。电解钴能吸附的氢为钴体积的35倍，常温下钴也能吸附CO。

## 第二节 钴的化学性质

钴是中等活性金属，位于铁族元素铁、镍的中间。钴的抗腐蚀性能较好，常温时水、湿空气、碱及有机酸均对钴不起作用。钴在稀酸中比铁更难溶解，但较镍易溶。在加热时，特别是当钴呈粉末状态加热时，能与氧、硫、溴激烈反应，还能与硅、磷、砷、锑、铝形成一系列的化合物，与碳形成类似 $Fe_3C$ 的碳化物 $Co_3C$。

钴能被硫酸、盐酸、硝酸溶解形成二价钴盐，能与稀醋酸缓慢作用。钴电位序位于铁与镍之间。在某些情况下，钴在酸或碱溶液中变为钝态。对于简单的钴离子，二价钴离子稳定，三价钴离子不稳定。但对于钴络合物，三价钴离子稳定。

# 第二章 钴的主要产品形式

## 第一节 金属钴

国际市场生产金属钴的企业主要包括：刚果（金）的 Katanga、赞比亚的 Chambishi 和 Mopani、加拿大的 Sherritt、俄罗斯的 Norilsk、摩洛哥的 CTT、挪威的 Xstrata 等。

中国生产金属钴的企业以金川集团有限公司（以下简称金川集团）、江苏凯力克钴业股份有限公司和烟台凯实工业有限公司为主。2010 年 2 月，伦敦金属交易所推出钴期货交易。目前，国内的金川集团、江苏凯力克钴业股份有限公司、烟台凯实工业有限公司、南通新玮镍钴科技发展有限公司、四川尼科国润新材料有限公司等 5 家企业的电解钴已经在 LME 注册。

## 第二节 钴　粉

国际市场生产钴粉的企业主要是 OMG 和 Umicore。中国生产钴粉的企业，以南京寒锐钴业有限公司、上海百洛达金属有限公司和深圳格林美高新技术股份有限公司为主。

## 第三节 钴　盐

国际市场生产钴盐的企业主要包括 OMG 和 Umicore。中国的钴盐生产厂家众多，产能较大的有金川集团、浙江华友钴业股份有限公司、江苏凯力克钴业股份有限公司、佳远钴业控股有限公司和南通新玮镍钴科技发展有限公司。主要钴盐产品包括四氧化三钴、氧化钴、氢氧化钴、氯化钴、硫酸钴、碳酸钴、硝酸钴等。

# 第三篇

# 钴资源分布及主要钴矿商

## 第一章 钴资源分布

据美国地质调查局（USGS）2011 年矿产品年鉴（Mineral Commodity Summaries  2011）统计数据显示，2010 年世界钴储量为 730 万吨（金属量），见表 3-1。

**表 3-1　2005～2010 年世界钴储量**

| 国家或地区 | 储量(金属量)/万吨 | | | | | |
|---|---|---|---|---|---|---|
| | 2005 年 | 2006 年 | 2007 年 | 2008 年 | 2009 年 | 2010 年① |
| 美　国 | 0 | 0 | 3. 3 | 3. 3 | 3. 3 | 3. 3 |
| 澳大利亚 | 130 | 140 | 140 | 150 | 150 | 140 |
| 巴　西 | 3. 5 | 2. 9 | 2. 9 | 2. 9 | 2. 9 | 8. 9 |
| 加拿大 | 13 | 12 | 12 | 12 | 12 | 15 |
| 中　国 | | 7. 2 | 7. 2 | 7. 2 | 7. 2 | 8 |
| 刚果（金） | 340 | 340 | 340 | 340 | 340 | 340 |
| 古　巴 | 100 | 100 | 100 | 100 | 50 | 50 |

续表 3-1

| 国家或地区 | 储量(金属量)/万吨 | | | | | |
|---|---|---|---|---|---|---|
| | 2005 年 | 2006 年 | 2007 年 | 2008 年 | 2009 年 | 2010 年① |
| 摩洛哥 | 2 | 2 | 2 | 2 | 2 | 2 |
| 新喀里多尼亚 | 23 | 23 | 23 | 23 | 23 | 37 |
| 俄罗斯 | 25 | 25 | 25 | 25 | 25 | 25 |
| 赞比亚 | 27 | 27 | 27 | 27 | 27 | 27 |
| 其 他 | 20 | 13 | 13 | 18 | 18 | 74 |
| 世界总计 | 700 | 700 | 700 | 710 | 660 | 730 |

注：资料来源于美国地质调查局（USGS）。

① 表示估计数。

世界钴储量主要集中在刚果（金）(340 万吨)、澳大利亚（140 万吨)、古巴（50 万吨)、新喀里多尼亚（37 万吨)、赞比亚（27 万吨）和俄罗斯（25 万吨)，这些国家约占世界钴总储量的 84. 8%。从排序来看，刚果（金）占世界储量的 46. 6%，其次是澳大利亚、古巴、赞比亚等国家。中国钴储量为 8 万吨，仅占全球总量的 1%。

目前全球已探明的钴储量基础达到 1300 万吨左右，其中大部分存在于镍基红土镍矿中，其他存在于铁镁质和超铁镁质岩石中的铜镍硫化物矿床，主要分布在澳大利亚、加拿大和俄罗斯，以及刚果（金）和赞比亚等的沉积铜矿中。另外，大洋深海底和海山区的锰结核结壳中还含有上百万吨的钴资源。

# 第二章　主要钴矿商

钴主要为铜、镍矿伴生资源，其生产规模在很大程度上受铜、镍矿产开发影响。据钴发展协会（CDI）数据，2010年全球钴的产量中55%是镍的副产品，35%是铜的副产品，只有10%的钴来自于原生钴矿。目前，钴矿生产主要集中在刚果（金）、加拿大、赞比亚、澳大利亚、俄罗斯等国家，其中刚果（金）的钴产量约占全球产量的51%。截至2010年底，全球钴矿石产量已经达到8.8万吨（金属量），见表3-2。

**表3-2　全球钴矿石产量**

| 国家或地区 | 产量(金属量)/吨 | | | | |
|---|---|---|---|---|---|
| | 2006年 | 2007年 | 2008年 | 2009年 | 2010年[①] |
| 澳大利亚 | 7400 | 5900 | 6100 | 4600 | 4600 |
| 巴　西 | 1200 | 1400 | 1200 | 1200 | 1500 |
| 加拿大 | 7000 | 8300 | 8600 | 4100 | 2500 |
| 中　国 | 2300 | 2000 | 6000 | 6000 | 6200 |
| 刚果（金） | 28000 | 25300 | 31000 | 35500 | 45000 |
| 古　巴 | 3800 | 3800 | 3200 | 3500 | 3500 |
| 摩洛哥 | 1500 | 1500 | 1700 | 1600 | 1500 |
| 新喀里多尼亚 | 1900 | 1600 | 1600 | 1000 | 1700 |

续表 3-2

| 国家或地区 | 产量(金属量)/吨 | | | | |
|---|---|---|---|---|---|
| | 2006 年 | 2007 年 | 2008 年 | 2009 年 | 2010 年① |
| 俄罗斯 | 5100 | 6300 | 6200 | 6100 | 6100 |
| 赞比亚 | 8000 | 7600 | 6900 | 5000 | 11000 |
| 其　他 | 1300 | 1900 | 3400 | 3700 | 4700 |
| 世界总计 | 67500 | 65500 | 75900 | 72300 | 88000 |

注：资料来源于美国地质调查局（USGS）。

① 表示估计数。

在全球钴市场上，有些钴盐和金属钴生产企业的原料来源于自有矿山，但很大一部分企业的原料都是通过外购。目前，市场上的钴矿原料来源多集中于非洲公司，尤其以 Forrest Group、Chemaf、CAMEC、Katanga、Freeport McMoRan Copper & Gold Inc. 等公司为主。

第四篇

# 钴冶炼技术与装备

## 第一章　钴原料的浸出

### 第一节　浸出的基本知识

浸出在工业上分为常压浸出和加压浸出两大类。从冶金原理上按反应特点又可分为三大类：简单溶解、溶质价态不发生变化的化学溶解和溶质价态发生变化的氧化还原溶解。

#### 一、简单溶解

当金属在固相中以可溶于水的化合物形态存在时，浸出过程的主要反应是有价成分从固相转入溶液的简单溶解，表示如下：

$$MeSO_4(s) = MeSO_4(l)$$

或

$$MeCl_2(s) = MeCl_2(l)$$

重金属的化合物经硫酸化焙烧或氯化焙烧后的水浸出，是这类反应的典型例子。

## 二、溶质价态不发生变化的化学溶解

溶质价态不发生变化的化学溶解有三种情况：

（1）金属氧化物与酸作用，形成溶于水的盐：

$$MeO + H_2SO_4 = MeSO_4 + H_2O(l)$$

（2）某些难溶于水的化合物（如 MeS、$MeCO_3$）的阴离子转入气相：

$$MeS + H_2SO_4 = MeSO_4 + H_2S\uparrow$$

或

$$MeCO_3 + H_2SO_4 = MeSO_4 + H_2CO_3$$

$$H_2CO_3 = H_2O + CO_2\uparrow$$

（3）难溶于水的有价金属 Me 的化合物与第二种金属 Me′的可溶性盐发生复分解反应，形成第二种金属更难溶的盐和第一种金属可溶性的盐，反应如下：

$$MeS(s) + Me'SO_4 = Me'S(s) + MeSO_4$$

## 三、溶质价态发生变化的氧化还原溶解

溶质价态发生变化的氧化还原溶解反应在工业生产中应用广泛。有以下六种情况：

（1）金属的氧化靠酸的氢离子还原而产生：

$$Me + H_2SO_4 = MeSO_4 + H_2\uparrow$$

（2）金属的氧化靠空气中的氧而发生：

$$Me + H_2SO_4 + 1/2O_2 = MeSO_4 + H_2O$$

（3）金属的氧化靠加入溶液中的氧化剂而发生：

$$Me + Fe_2(SO_4)_3 = MeSO_4 - 2FeSO_4$$

或 $$Me + H_2SO_4 + H_2O_2 = MeSO_4 - 2H_2O$$

（4）与阴离子氧化有关的溶解：

$$MeS + H_2SO_4 + 1/2O_2 = MeSO_4 + H_2O + S$$

或 $$MeS + 2Me'Cl_x = 2Me'Cl_{x-1} + MeCl_2 + S$$

（5）基于金属的还原溶解：

$$3CuO + 2FeCl_2 + 3H_2O = CuCl_2 + 2CuCl + 2Fe(OH)_3$$

（6）有络合物形成的氧化还原溶解：

$$2Au + 4NaCN + H_2O + 1/2O_2 = 2NaAu(CN)_2 + 2NaOH$$

## 第二节 浸出反应过程

### 一、影响浸出速度的因素

影响浸出速度的因素很多，主要有：物料的物理化学性质、矿物的粒度、矿浆的温度、搅拌速度、浸出剂的浓度。

### 二、浸出剂的选择

浸出剂的选择一般由下列因素决定：

（1）溶剂能迅速且完全与有价金属成分起物理及化学作用，并最大限度地转入溶液。

（2）要求溶剂尽可能不与脉石中的其他杂质起作用，否则杂质转入溶液不但使溶液净化复杂，而且试剂消耗也相应增加。

(3) 溶剂及其随之形成的产物对设备的材料腐蚀性要小，无损坏作用。

(4) 价格低廉，容易获得。

在实际浸出过程中，由于矿石成分复杂，只用一种浸出剂一般不能达到要求，往往要多种浸出剂联合使用。

## 第三节 钴浸出生产实践

### 一、含钴氧化物浸出工艺流程

含钴氧化物有三种浸出工艺流程选择，分别介绍如下。

(一) 还原浸出

如镍系统净化产出的钴渣、钴土矿等，这些原料中含有$Co(OH)_3$、$Ni(OH)_3$、$Co_2O_3$ 等，本身就是氧化剂，金属以高价态存在，当这些物料浸出时，需加入还原剂进行还原浸出。工业上使用的还原剂有盐酸、$SO_2$、亚硫酸钠等。

还原浸出的主要反应如下：

$$2Co(OH)_3 + 3H_2SO_4 + 2NaCl = 2CoSO_4 + Na_2SO_4 + 6H_2O + Cl_2\uparrow$$

$$2Ni(OH)_3 + 3H_2SO_4 + 2NaCl = 2NiSO_4 + Na_2SO_4 + 6H_2O + Cl_2\uparrow$$

$$2Co(OH)_3 + H_2SO_4 + SO_2 = 2CoSO_4 + 4H_2O$$

$$2Ni(OH)_3 + H_2SO_4 + SO_2 = 2NiSO_4 + 4H_2O$$

副反应有：

$$2Fe(OH)_3 + H_2SO_4 + SO_2 \longrightarrow 2FeSO_4 + 4H_2O$$

也可以用 $Na_2SO_3$ 代替 $SO_2$。

物料中的其他杂质如 Mn、Zn 及部分 Ca、Mg 也被溶解。

### （二）常压加热酸浸工艺

对于钙镁低、硅铁高的氧化钴矿，可采用常压加热酸浸工艺。磨细制浆后的氧化钴矿料投入到机械搅拌浸出槽内，蒸汽加热至90℃以上，缓慢加入硫酸进行浸出，矿料中镍、钴、铜、铁90%以上溶出进入溶液，主要反应如下：

$$Co_2O_3 + 2H_2SO_4 \longrightarrow 2CoSO_4 + 2H_2O + 1/2O_2$$

$$CoO + H_2SO_4 \longrightarrow CoSO_4 + H_2O$$

$$CoO \cdot SiO_2 + H_2SO_4 \longrightarrow CoSO_4 + H_2SiO_3$$

$$CoO \cdot Fe_2O_3 + 4H_2SO_4 \longrightarrow CoSO_4 + Fe_2(SO_4)_3 + 4H_2O$$

### （三）高压酸浸工艺

对于钙镁低、硅铁高的含钴物料，如氧化钴矿、红土矿等，也可采用高压酸浸工艺。在高压高温下，镍钴在酸的作用下大量溶出，而铁在温度达到200℃以上时，铁硫酸盐几乎不溶于水，从而达到浸出有价金属，分离铁与脉石的目的。

含钴原料经火法焙烧后送预浸釜，在氧化气氛中加入硫酸预浸，预浸后的物料泵入预热器内，蒸汽加热至70~80℃，泵入高压釜内，加浓硫酸通入高压蒸汽进行高温高压浸出。

## 二、碳酸钴的浸出

碳酸钴的浸出是将碳酸钴原料加水按一定的液固比浆化后，再缓缓加入浓硫酸，溶解终点 pH 值控制在 1.5~2.0，各种物质均以硫酸盐形态进入溶液，浸出液经过滤后送到后续工序处理。其主要反应如下：

$$CoCO_3 + H_2SO_4 = CoSO_4 + CO_2\uparrow + H_2O$$

在浸出过程中，碳酸钴原料中的其他杂质如锰、铜、镉、铅、锌、镍、镁等金属元素也被溶解进入溶液中。其溶解反应方程式如下：

$$MeCO_3 + H_2SO_4 = MeSO_4 + H_2CO_3$$

（Me = Mn、Cu、Cd、Pb、Zn、Ni、Mg 等）

$$H_2CO_3 = H_2O + CO_2\uparrow$$

复杂原料中有些金属的存在形态比较复杂，原料中有少量的钴金属以高价化合物存在，较难溶解，需要通入一定量的二氧化硫或亚硫酸钠作还原剂进行还原溶解。其离子反应式为：

$$2Co^{3+} + SO_2 + 2H_2O = 2Co^{2+} + SO_4^{2-} + 4H^+$$

## 三、氢氧化钴类原料的浸出

氢氧化钴渣的浸出是将氢氧化钴渣按一定的液固比加水或废水浆化，浆化液在返入溶解时首先打开余氯吸收设备，运转10min后进行返液，缓缓加入浓硫酸，待溶解基本完成时通入二氧化硫或加入亚硫酸钠选择性还原浸出，溶解终点pH值控制在1.5~2.0，使各种物质均以硫酸盐形态进入溶液，浸出液经压滤机过滤后得到清澈透明的溶液。其主要反应如下：

$$2Co(OH)_3 + H_2SO_4 + SO_2 = 2CoSO_4 + 4H_2O$$

在浸出过程中，氢氧化钴渣中的其他杂质如锰、铜、镉、铅、锌及部分钙、镁等金属元素也被溶解进入溶液中。其溶解反应如下：

$$Me(OH)_2 + H_2SO_4 = MeSO_4 + 2H_2O$$

（Me = Mn、Cu、Cd、Pb、Zn、Ca、Mg 等）

## 四、含钴硫化物浸出

各种含钴硫化物矿性质、成分不同，浸出工艺选择也各异，归并起来有以下几种浸出工艺可供选择。

### （一）含钴硫化物的常压酸浸工艺

含钴硫化物的常压酸浸可分为非氧化浸出（单一酸浸出）和氧化浸出（使用氧化剂浸出）工艺，反应分别为：

$$MeS + 2H^+ = H_2S + Me^{2+}\text{(非氧化浸出)}$$

$$MeS = Me^{2+} + S + 2e\text{(氧化浸出)}$$

FeS、NiS、CoS 可用酸直接浸出，$CuFeS_2$、$Cu_2S$ 则难于用酸浸出，可根据浸出的目的及后续工艺要求来选择浸出方法。

### （二）含钴硫化物高压氧浸出工艺

含钴硫化物在有氧存在时，在适宜的电位及 pH 值下能顺利溶解，得到含金属离子和硫或 $SO_4^{2-}$ 的溶液。当浸出温度高于硫的熔点（120℃）时，在任何 pH 值及有氧条件下都产出 $SO_4^{2-}$，而得不到硫。故含钴硫化物高压氧浸出时温度及 pH 值是决定因素。

含钴硫化物在一定液固比条件下磨细制浆，泵入预热器内加温至70～80℃，泵入高压釜内，在高温、悬浮状况下用高压使硫化物氧化成硫酸盐，硫转换成硫酸，达到浸出的目的，主要反应为：

$$NiS + 2O_2 = NiSO_4$$

$$CoS + 2O_2 = CoSO_4$$

$$CuS + 2O_2 = CuSO_4$$

$$S + 3/2O_2 + H_2O = H_2SO_4$$

## 五、含钴砷化物浸出

含钴砷化物一般先进行电炉熔炼，钴、镍富集于砷冰钴中，形成脉石和锰铁钴渣。砷冰钴经破碎后用沸腾焙烧炉进行氧化焙烧，脱砷而使镍、钴转化为氧化物，先用低浓度硫酸浸出，浸出渣再用高浓度 $H_2SO_4$ 浸出，使镍、钴几乎全部浸出。

焙烧后的含钴焙砂加入到机械浸出搅拌槽内，加入3～4g/L稀硫酸，经过滤后低酸浸渣加入机械浸出搅拌槽内，加入8～10g/L硫酸进行浸出，使镍、钴浸出率达到95%以上，反应如下：

低酸浸出 $CoO + H_2SO_4 = CoSO_4 + H_2O$

低酸浸出 $Co_3(AsO_4)_2 + 3H_2SO_4 = 3CoSO_4 + 2H_3AsO_4$

高酸浸出 $Co_2O_3 + 2H_2SO_4 = 2CoSO_4 + 2H_2O + 1/2O_2$

高酸浸出 $Co_3As_2 + 3H_2SO_4 + 4O_2 = 3CoSO_4 + 2H_3AsO_4$

高酸浸出 $CoO \cdot SiO_2 + H_2SO_4 = CoSO_4 + H_2SiO_3$

高酸浸出 $CoO \cdot Fe_2O_3 + 4H_2SO_4 \xlongequal{} CoSO_4 + Fe_2(SO_4)_3 + 4H_2O$

### 六、钴冶金浸出过程中应注意的问题

钴冶金浸出过程中应注意的问题有：

（1）浸出液 pH 值。在溶解过程中应控制好溶液的 pH 值。溶解后液的 pH 值为 1.2～1.7，过高或过低都会影响下道除铁工序，过低将增加试剂的加入量，同时在除铁工序再加入 $Na_2CO_3$ 调整溶解的过程中，也会使钴、镍等元素大量进入黄钠铁矾渣中，造成主金属的损失。

（2）$SO_2$ 或 $Na_2SO_3$ 的加入量。在溶解过程中 $SO_2$（$Na_2SO_3$）充当还原剂，使高价的钴、镍、铜、铁等被选择性还原成低价进入溶液，但如 $SO_2$ 的加入量不足，就不能彻底溶解；过量会使大量的 $Fe^{3+}$ 被还原为 $Fe^{2+}$，大大增加了除铁岗位氯酸钠的加入量，故应将溶解液中 $Fe^{2+}$ 的浓度控制在 0.2g/L。

## 第四节 浸出主要设备

搅拌浸出是处理高品位矿或精矿普遍采用的浸出方式。工业过程中应用的常压浸出反应器，传统上主要有机械搅拌浸出槽、气动搅拌槽以及机械和气动联合搅拌浸出槽三类。

机械搅拌浸出槽中矿浆的搅拌靠高速旋转的桨叶完成。搅拌桨叶有螺旋桨叶、叶轮式或蜗轮式等多种形式。搅拌桨的结构参数是最重要的设计要素。目前，生产上常用的机械

搅拌槽是螺旋桨式。

空气搅拌浸出槽，是以压缩空气的气动作用实现槽内矿浆均匀而强烈的搅拌。

空气和机械混合搅拌浸出槽的中央装有空气提升器和机械耙；或在槽周边装空气提升器，槽中央位置安装矿浆提升管和螺旋搅拌桨的圆形槽。典型的混合搅拌浸出槽主要由槽体、空气提升管、耙子、竖轴、流槽、传动装置等组成。矿浆经位于槽上部的进料口进入槽内，在槽内分层向槽底沉降，沉降至槽底的浓矿浆借助于耙子的旋转（1 ~ 4r/min）作用向空心提升管口聚集，在压缩空气作用下，浓矿浆沿空气提升管上升并在其上部溢流入具有空洞的两个流槽内，经流槽空洞流回槽内，流槽随竖轴一起旋转，矿浆在槽内均匀分布。浸出后的矿浆从与进料口相对的出料口连续排出，从而实现连续作业。

浸出反应器的结构因素和搅拌方式决定了反应器中矿浆的流动和混合、矿石颗粒的运动及气体的分布，影响相间与相界面的传质、传热等基本特征，对浸出作业具有决定性影响。

# 第二章 钴溶液的净化

## 第一节 除铁基本知识

### 一、除铁种类

含钴溶液的除铁有中和水解除铁、黄钠铁矾除铁和喷淋除铁（即针铁矿法除铁）等方法。但有时生产中常常两种甚至多种方法同时使用，称为综合除铁。

## 二、基本原理

### （一）中和水解法除铁

在溶液中，盐的离子跟所电离出来的 $H^+$ 或 $OH^-$ 生成弱电解质的反应，称做盐类的水解，可看做是酸碱中和反应的逆反应：

$$\text{酸} + \text{碱} \underset{\text{水解}}{\overset{\text{中和}}{\rightleftharpoons}} \text{盐} + \text{水}$$

用中和水解从水溶液中沉淀出金属化合物，在热力学上的可能性是根据金属化合物沉淀反应的自由能变化是否为负值确定的，越负的金属最可能优先析出。在生产实践中此方法基于用中和剂改变酸度，使杂质发生水解反应生成溶度积很小的氢氧化物沉淀与溶液分离，从而达到除去杂质的目的。

### （二）黄钠铁矾法除铁

黄钠铁矾法是使三价铁从有等离子存在的硫酸盐溶液中呈蛋黄色的结晶化合物（即 $Me_2Fe_6(SO_4)_4(OH)_{12}$）形式沉淀而被分离出去。黄钠铁矾是一种成分复杂的复盐沉淀。

### （三）喷淋法除铁

将需要进行除铁、含有高浓度 $Fe^{3+}$ 的溶液以一定速度滴加至含有针铁矿晶种的除铁体系中，形成的 $Fe^{3+}$ 浓度适合继续形成针铁矿。可采用连续生产的方式进行针铁矿法除铁。

其除铁过程可用下式表示：

$$Fe^{3+} + 2H_2O \longrightarrow FeOOH + 3H^+$$

因此，保持体系的温度、pH 值及 $Fe^{3+}$ 浓度在一定范围内，使 $Fe^{3+}$ 以针铁矿的形式析出，是针铁矿除铁法的一般规律。采用碳酸钠溶液作为中和剂进行喷淋除铁。

## 第二节　除铁过程

中和水解法除铁的影响因素有：金属离子浓度、溶液 pH 值、金属化合物沉淀反应的自由能。

黄钠铁矾法除铁的影响因素有：一价阳离子（$Na^+$）浓度、温度、pH 值、搅拌时间、晶种。

喷淋法除铁的影响因素有：溶液中 $Fe^{3+}$ 浓度、温度、pH 值。

## 第三节　除铁生产实践

### 一、中和水解法除铁生产实践

在钴生产中用氧化中和水解沉淀法净化含钴溶液中的铁，向溶液中通入氯气，将二价铁氧化成三价铁，反应式为：

$$2Fe^{2+} + Cl_2 \longrightarrow 2Fe^{3+} + 2Cl^-$$

中和水解法除铁是依靠三价铁的水解，其反应式为：

$$Fe_2(SO_4)_3 + 6H_2O \longrightarrow 2Fe(OH)_3\downarrow + 3H_2SO_4$$

由于水解使溶液酸度增加而 pH 值降低，为满足除铁所期望的最佳 pH 值，在生产中一般加入碳酸钴或碳酸钠中和水解过程中产生的酸：

$$H_2SO_4 + CoCO_3 = CoSO_4 + H_2O + CO_2\uparrow$$

总反应为：

$$2FeCl_2 + Cl_2 + 3Na_2CO_3 + 3H_2O = 2Fe(OH)_3\downarrow + 6NaCl + 3CO_2\uparrow$$

$$2FeCl_2 + Cl_2 + 3CoCO_3 + 3H_2O = 2Fe(OH)_3\downarrow + 3CoCl_2 + 3CO_2\uparrow$$

使溶液 pH 值达到4～4.5，$Fe^{3+}$ 形成 $Fe(OH)_3$ 沉淀，然后进行两次压滤以保证铁渣完全滤去。

中和水解除铁技术操作条件见表4-1。

**表4-1　中和水解除铁技术操作条件**

| 初始 pH 值 | 终点 pH 值 | 氧化温度 | 中和温度 /℃ | 中和剂 | 合格液铁浓度 /g·L$^{-1}$ |
|---|---|---|---|---|---|
| 3.5～4.0 | 4.0～4.5 | 常温 | ≥80 | $CoCO_3$ 或 $Na_2CO_3$ | ≤0.01 |

使 $Fe^{3+}$ 水解析出 $Fe(OH)_3$ 沉淀是一种典型的除铁方法，在湿法冶金的溶液净化中得到广泛的应用。但这种方法的主要缺点是 $Fe(OH)_3$ 具有胶体性质，不仅沉淀速度慢，过滤困难，而且使一些有价成分被吸附而增大主金属损失，造成金属回收率低。通过生产实践发现，如果使三价铁的硫酸盐在较小的 pH 值条件下发生水解，由于酸度较大，不会产生氢氧化物沉淀，而是产生一种浅黄色的复盐晶体，其化学式

为 $Me_2Fe_6(SO_4)_4(OH)_{12}$（$Me = K^+$、$Na^+$、$NH_4^+$ 等离子），俗称黄铁矾，在实践生产中主要以黄钠铁矾（$Na_2Fe_6(SO_4)_4(OH)_{12}$）为主。黄钠铁矾在水中的溶度积小，而且颗粒较大，沉淀速度快，很容易过滤，因此在镍、钴生产中，广泛采用生成黄钠铁矾的方法除去杂质铁。

## 二、黄钠铁矾法除铁生产实践

黄钠铁矾（$Na_2Fe_6(SO_4)_4(OH)_{12}$）为淡黄色的晶体，是一种过滤性、洗涤性特别好的盐基性硫酸盐。溶液中的三价铁离子在较高的温度和晶体条件下，当溶液中有足够钠离子和硫酸根存在时，控制适当的 pH 值，就能生成黄钠铁矾沉淀，达到除铁的目的。

首先用氯酸钠将溶液中的 $Fe^{2+}$ 氧化成 $Fe^{3+}$，反应如下：

$$6FeSO_4 + NaClO_3 + 3H_2SO_4 = 3Fe_2(SO_4)_3 + NaCl + 3H_2O$$

在有晶体和足够钠离子的条件下，控制温度85℃以上，pH 值为1.6~2.4，$Fe^{3+}$ 就能生成黄钠铁矾沉淀，反应如下：

$$3Fe_2(SO_4)_3 + Na_2SO_4 + 12H_2O = Na_2Fe_6(SO_4)_4(OH)_{12}\downarrow + 6H_2SO_4$$

黄钠铁矾生成时有硫酸产生，1g 铁生成黄钠铁矾时产生1.75g 硫酸，为了满足黄钠铁矾的最佳 pH 值，必须用碱中和反应中产生的酸，以保证黄钠铁矾有较快的生成速度，总的反应式如下：

$$3Fe_2(SO_4)_3 + 6Na_2CO_3 + 6H_2O = Na_2Fe_6(SO_4)_4(OH)_{12}\downarrow + 5Na_2SO_4 + 6CO_2\uparrow$$

黄钠铁矾除铁技术操作条件见表4-2。

**表4-2 黄钠铁矾除铁技术操作条件**

| 过程pH值 | 终点pH值 | 氧化温度/℃ | 生矾温度/℃ | 中和剂 | 合格液铁浓度/$g \cdot L^{-1}$ |
|---|---|---|---|---|---|
| 1.5~2.5 | 3.0~3.5 | ≥85 | ≥90 | $CoCO_3$ 或 $Na_2CO_3$ | ≤0.1 |

黄钠铁矾法是良好的除铁方法，渣量比中和水解法少1/3~3/4，铁渣沉淀快，过滤性能好，易于洗涤，渣含Ni、Co低，金属回收率较高；但也存在一些缺点，除铁前溶液中含金属离子总浓度一般为70~80g/L，过高的浓度操作困难。同时除铁后液的铁离子浓度很难控制在0.05g/L以下，易生成$Fe(OH)_3$胶体，不利于后续萃取工序生产。

## 三、综合除铁生产实践

在实际生产中将两种除铁方法结合起来，以达到最佳的效果。将钴渣溶解后液返入除铁槽中，先采用黄钠铁矾法除去大量的铁，但当溶液中残留铁在0.05g/L左右，继续除铁比较困难，将过程的pH值由2.4提高到3.0~3.5，利用中和水解沉淀法使铁水解沉淀，直到后液含铁0.01g/L，该过程称为综合除铁。

## 四、喷淋除铁生产实践

### （一）针铁矿晶种制备

如果除铁罐中含有针铁矿晶种的溶液已经完全压滤完，

需重新制备针铁矿晶种。制备针铁矿晶种方法为：将约 $2m^3$ 的水或溶液调 pH 值为 2.5，加热至 90℃以上，在搅拌条件下和控制溶液 pH 值为 2.5 的条件下，以 $0.5m^3/h$ 的速度加入含有二价铁离子的溶解后液 $0.2m^3$，然后停止加入，保持形成晶种时间约 10min，即可形成良好的针铁矿晶种。

为使除铁过程不受时间影响，合格的除铁后液最好不要一次压滤完，罐中存有合格溶液的条件下不需要再做晶种。连续除铁时可先只加入溶液不加碱，使 pH 值从 3.5 变化到 2.5 时再加，保持溶液 pH 值在 2.5 不大幅变化即可。

### （二）针铁矿法除铁过程控制

在除铁过程中，保持溶液温度 90℃以上，过程 pH 值稳定在 2.5，溶液加入速度可随体系总溶液体积量而变化，罐内溶液量较少时，溶液加入速度约 $2m^3/h$，溶液体积量大时，可增加到 $6m^3/h$。过程中关键控制条件是 pH 值稳定在 2.5、溶液温度 90℃以上。

### （三）终点调整

每一罐除铁液做好后，停止溶液加入，保持液碱加入，调终点 pH 值至 3.5，除铁过程结束。

## 第四节　主要设备选择

除铁采用空气搅拌，间断操作，由于过程中加入稀碱液中和，体积膨胀较大，在计算除铁槽的容积时通常将除铁前液的体积乘以 1.8。

除铁槽容积 $V(m^3)$ 计算如下：

$$V = Q/q$$

式中　$Q$——日处理量，kg；

$q$——溶液含钴浓度，$kg/m^3$。

# 第三章　钴溶液的萃取

## 第一节　萃取基本知识

### 一、萃取工艺和萃取体系

萃取工艺流程如图 4-1 所示。

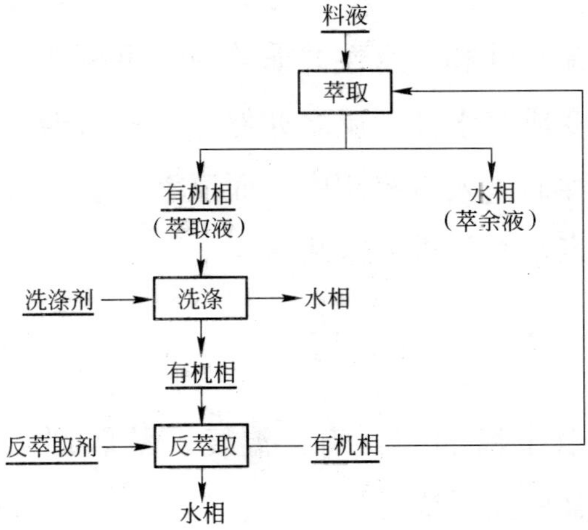


图 4-1　萃取工艺流程

萃取体系是由有机相和水相组成，见表 4-3。

**表 4-3 萃取体系**

| | | |
|---|---|---|
| 萃取体系 | 有机相 | 萃取剂（与被萃物有化学结合） |
| | | 稀释剂（与被萃物没有化学结合，只起溶剂作用） |
| | | 添加剂（可有可无，加入后起协萃作用，或抑制三相生成） |
| | 水相 | 无机盐（被萃物及杂质等） |
| | | 无机酸（盐析剂） |

## 二、溶剂萃取的基本原理

煤油及其他油类不溶于水的性质称为疏水性。油类所以有疏水性是因为它的分子极性很小，在强极性的水中难溶解。能溶于水溶液中的物质一般是离子化合物，它们在水中可电离并发生离子水化现象而具有亲水性。半径小（如 $H^+$）或电荷多（如 $Fe^{3+}$）的离子的水化程度大。

物质的疏水性和亲水性并非绝对，可创造一定的条件使亲水性物质变成疏水性，反之亦然。萃取时亲水性的金属离子转成疏水性而进入有机相中，而反萃时疏水性的萃合物中的金属转成亲水性而进入水相中。

## 三、影响萃取平衡的因素

影响萃取平衡的因素有：温度、萃取剂浓度、pH 值、水相组分、金属离子浓度。

## 四、连续流动萃取

根据操作方式不同，萃取分为错流萃取、逆流萃取和分馏萃取。

## （一）多级错流萃取

将水相与有机相按一定比例加入萃取器中，经混合、澄清与分相后，分出有机相，而水相则进入另一萃取器中，按相同的相比再加入一份新有机相，再进行萃取作业，如此反复操作多次，直到萃余液达到要求为止。每次用新的有机相处理水相称做一个萃取级。操作方式如图 4-2 所示。

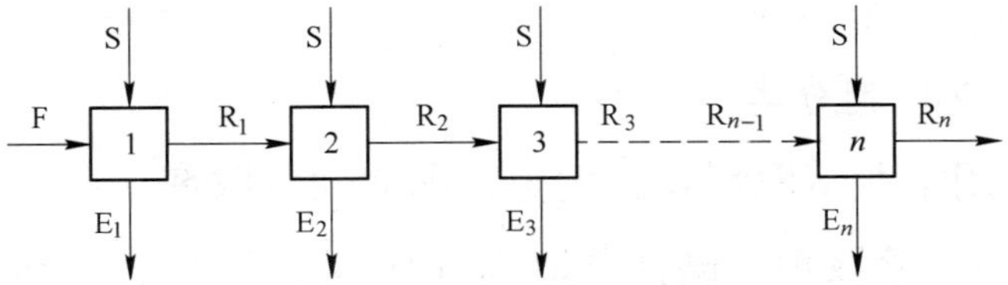


图 4-2　多级错流萃取示意图

F—料液；S—萃取剂；E—负载有机相；R—萃余液

## （二）连续逆流萃取

多级错流萃取有机试剂用量大，同时由于相应地得到多份萃取液，因而反萃取有机试剂的回收工作量也增大，若采用逆流萃取则可克服这些缺点。其操作方式如图 4-3 所示，有机相从第一级加入，流向第 $n$ 级，而水相从第 $n$ 级加入流向第一级，即两相逆流流动。

图 4-3　多级逆流萃取示意图

F—料液；R—萃余液；E—负载有机相；S—萃取剂

### （三）分馏萃取

在逆流萃取过程增加洗涤段，即将多级逆流萃取产出的萃取液用某种洗涤液经多级逆流洗涤，把萃入有机相中难萃组分洗涤下来，从而使出口的有机相中易萃组分纯度提高，这种方式称为分馏萃取。

## 五、萃取剂、稀释剂的性能及选择

### （一）萃取剂

1. 萃取剂分类

常用工业萃取剂有四大类，即酸性萃取剂（阳离子萃取剂）、中性萃取剂、碱性萃取剂（阴离子萃取剂）和螯合萃取剂。

2. 萃取剂性能

不同萃取剂的性能介绍如下：

（1）P204。P204（国外简称 $D_2EHPA$）的化学名为：二-(2-乙基己基)膦酸，分子式为：$(C_8H_{17}O)_2POOH$，商品名：DEHPA，$D_2EHPA$，EHPA，P204。

P204 是一种在稀土元素分离、核燃料后处理和有色金属萃取中广泛使用的萃取剂，其主要物理化学性质见表4-4。

**表 4-4　P204 物理化学性质**

| 外观 | 相对分子质量 | 密度 /g·cm$^{-3}$ | 黏度 $\eta_{25}$ /Pa·s | 闪点/℃ | 燃点/℃ | 毒性 |
|---|---|---|---|---|---|---|
| 浅黄 | 322.4 | 0.97 | $32\times10^{-3}$ | 206 | 233 | 低毒类 |

P204对各种金属阳离子的萃取平衡pH值不同，如图4-4所示。因此可以通过控制不同的pH值实现金属的分离。在一定条件下，两种金属萃取平衡pH值差得越大，它们越容易分离。从硫酸介质中萃取的选择顺序是：$Fe^{3+}>Zn^{2+}>Ca^{2+}>Cu^{2+}\approx Mn^{2+}>Co^{2+}>Mg^{2+}>Ni^{2+}$。事实上很难分离相邻的两种金属，特别是在多金属体系，由于条件差异，图4-4中各单金属萃取曲线可能会发生交替，这样在金属萃取分离时有可能发生共萃，至少两种金属平衡pH值之差在1以内时如此。正是该原因使得用P204分离钴、镍存在一些实际困难。P204-$Fe^{3+}$络合物很难反萃，一般用6mol/L盐酸，或加入还原剂，方能反萃干净。

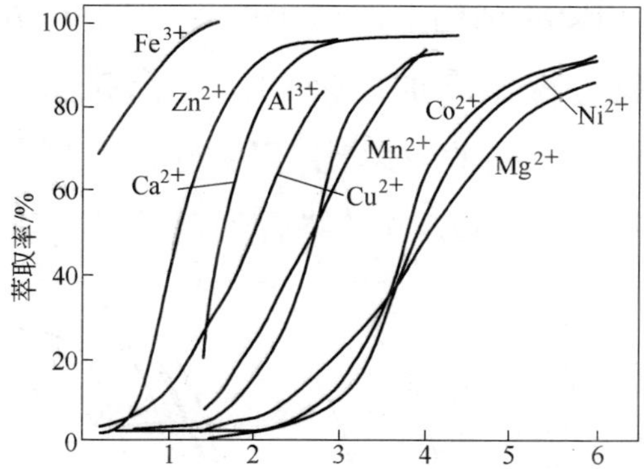


图4-4　在硫酸盐溶液中P204对某些金属的萃取率与平衡pH值的关系曲线

（2）P507。P507（PC-88A）是一种不挥发的无色透明油状液体，相对分子质量为306.4。工业品含P507大于

93%，呈淡黄色。化学名：2-乙基己基膦酸·单(2-乙基己基)酯，分子式：$(C_8H_{17})_2OPOOH$，商品名：PC-88A、SME418、P507。

P507 的物理化学性质见表 4-5。

**表 4-5 P507 物理化学性质**

| 密度/$g \cdot cm^{-3}$ | 黏度 $\eta_{25}$/Pa·s | 闪点/℃ | 燃点/℃ | 毒 性 |
|---|---|---|---|---|
| 0.95 | $34 \times 10^{-3}$ | 198 | 235 | 低毒类 |

P507 与 P204 一样均属于有机膦酸萃取剂，它在硫酸盐体系中对不同金属萃取能力的大小次序为：$Fe^{3+} > Zn^{2+} > Cu^{2+} \approx Mn^{2+} \approx Ca^{2+} > Co^{2+} > Mg^{2+} > Ni^{2+}$，与 P204 基本一致，但因其与 P204 结构上的微小差异（较 P204 少一个氧原子）而导致钴、镍萃取曲线之间的距离拉大，如图 4-5 所示。P507 分离镍、钴的效果比 P204 好，而且分配系数只有 P204 的 1/2～1/3。P507-$Fe^{3+}$ 络合物反萃稍易于 P204，采用

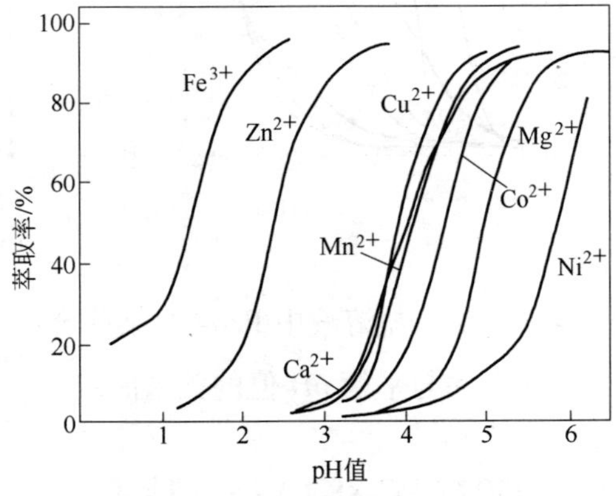


图 4-5 P507 对某些金属的萃取率与平衡 pH 值的关系曲线

4mol/L 的盐酸溶液就可以把铁反萃下来。

3. 萃取剂的选择

萃取剂应满足以下要求：有选择性，萃取容量高，易于反萃，易与水分离。

### （二）稀释剂

稀释剂通常指组成有机相的惰性溶剂，用来溶解萃取剂以改变有机相的浓度，但不参加萃取反应。工业上常用的稀释剂有溶剂油、煤油、苯、甲苯、四氯化碳、氯仿等。

在实际生产中，应从经济、安全角度考虑，选择来源充足、价廉的溶剂作为稀释剂。

稀释剂对萃取剂萃取性能的影响有：

（1）稀释剂对铜萃取的影响。稀释剂中芳烃含量会直接影响到铜的萃取容量、萃合物的溶解度等。一般认为，芳烃含量高的稀释剂会降低铜的负荷量，减少有机相的平衡浓度，减弱 pH 值效应，降低铜铁的分离系数。

（2）稀释剂对镍钴萃取的影响。目前，镍钴萃取工业中使用的稀释剂与铜萃取工业用的稀释剂大体相同。稀释剂的种类对镍钴的分离系数、萃取容量和相分离速度都有很大影响。

在一个萃取体系中起决定作用的当然是萃取剂的性质，但稀释剂的影响也不容忽视，所以在萃取流程设计中，稀释剂的选择同样是重要的。

## 第二节 萃取过程

### 一、用 P204 从硫酸钴溶液中萃取脱杂

#### （一）P204 萃取过程的基本原理

P204 是一种酸性萃取剂，萃取三价、二价金属时的反应可用下式表示（式中 HX 代表 P204）：

$$Me^{3+} + 3(HX) = MeX_3 + 3H^+$$

$$Me^{2+} + 2(HX) = MeX_2 + 2H^+$$

用 P204 萃取时，先将 P204 用碱预中和转化为盐，以便在萃取过程中维持所期望的 pH 值。

#### （二）P204 萃取除杂过程

P204 萃取除杂过程为：

（1）制备钠皂。15% ~ 20% P204，80% ~ 85% 260 号溶剂油作稀释剂。采用 NaOH 进行皂化，其反应式为：

$$HX + NaOH = NaX + H_2O$$

（2）萃取除杂：

$$Me^{2+}_{水} + 2(H_2X_2)_{有} = (MeX_2 \cdot H_2X_2)_{有} + 2H^+_{水}$$

$$(MeX_2 \cdot H_2X_2)_{有} + (H_2X_2)_{有} + Me^{2+}_{水} = [(MeX_2)_2H_2X_2]_{有} + 2H^+_{水}$$

P204 对各种金属萃取顺序为：$Fe^{3+} > Zn^{2+} > Cu^{2+} > Fe^{2+} > Mn^{2+} > Co^{2+} > Ni^{2+}$，从金属萃取顺序可以看到越容易

被萃取的金属，反萃取时越难被反萃取。

（3）反萃取。洗钴：负载有机相中含有2～3g/L钴，必须将钴最大限度地洗下，而使杂质Mn、Cu等洗脱率尽量低，因此采用1.2mol/L盐酸洗涤，控制洗钴后有机相颜色为微蓝色。反应式为：

$$CoX_2 + 2HCl \xlongequal{} 2HX + CoCl_2$$

洗铜、锰、锌、钙等：对铜、锰、锌、钙等杂质的反萃和洗钴一样，采用3mol/L盐酸洗涤，控制洗铜后有机相无色。

洗铁：由于$Fe^{3+}$与P204形成的络合物比较牢固，反萃比较困难，铁的洗涤采用6mol/L盐酸反复循环洗涤。

在P204萃取过程中，铁在洗铁段脱除，铜、锰、钙、锌等杂质元素则随氯化铜溶液排出体系之外，镍、钴随萃余液进入P507镍、钴分离工序。

## 二、用P507萃取分离镍钴

### （一）P507萃取过程的基本原理

P507萃取反应为；

$$M^{n+} + (n+X)/2H_2A_2 \rightleftharpoons MA_n \cdot XHA + nH^+$$

P507与钴、镍的萃取率随pH值的升高而增大，但镍增加的趋势较小，所以控制适当的酸度，可实现钴与镍的有效分离。

### （二）P507萃取分离镍、钴过程

P507萃取分离镍、钴过程为：

（1）制备钠皂。25% ~30% P507，70% ~75% 260 号溶剂油作稀释剂。采用 NaOH 进行皂化，其反应式为：

$$HX + NaOH = NaX + H_2O$$

（2）制备镍皂。主要是为了减少钠离子在溶液中富集，其反应式为：

$$2NaX + NiSO_4 = NiX_2 + Na_2SO_4$$

（3）镍、钴萃取分离。P507 对各种金属萃取顺序为：$Pb^{2+} > Cu^{2+} > Mn^{2+} > Ca^{2+} > Co^{2+} > Mg^{2+} > Ni^{2+}$，根据 P507 对镍、钴金属萃取顺序，通过交换反应实现镍、钴分离，其反应式为：

$$NiX_2 + Co^{2+} = CoX_2 + Ni^{2+}$$

（4）反萃取。其反应式为：

$$CoX_2 + 2HCl = CoCl_2 + 2HX$$

P507 萃取分离镍、钴过程主要通过观察萃取段有机相及水相颜色，对料液、有机相及洗镍酸流量进行调整，使镁、镍随硫酸镍溶液排出，钠则在制镍皂段随硫酸钠溶液排出。

## 第三节　萃取实践

### 一、萃取过程常见故障及其处理

#### （一）液泛

液泛通常是指萃取器内混合的两相还未来得及分离即被液流从相反的方向带出的反常操作。

原因：（1）萃取器的通量过大；（2）萃取过程中两物性发生变化，如黏度增大、界面张力下降、界面絮凝物多引起分散带过厚，局部形成稳定的乳化层，夹带着分散相排出。

措施：（1）降低总流量；（2）适当提高萃取器内液体的温度；（3）加强料液过滤，减少乳化层厚度；（4）必要时将界面絮凝物抽出。

### （二）相界面波动太大

原因：（1）萃取器内的液体流速发生了变化（流量控制系统发生故障，电压波动或传动引起搅拌转速变化引起级间泵送抽力波动）；（2）级间流通口的不畅（设计上的原因，搅拌叶轮抽力过低，流通口的液封效应，异物堵塞）。

措施：（1）检查供液流量控制系统；（2）调整叶轮转速到规定的搅拌速度；（3）抽吸法排除水相流通口的液封，排除水相口堵塞异物。

### （三）冒槽

原因：（1）操作流速过大；（2）排液流通口堵塞；（3）局部泵送抽力不足。

措施：（1）降低操作流速；（2）排除流通口堵塞物；（3）各级搅拌器调整到大致相同的转速。

## 二、萃取过程常见质量波动及解决办法

### （一）P204 铜余液含铜超标

原因：（1）铜料液中铜、锰等杂质总量高，P204 皂化

率和流比没有及时调整，萃取容量不足；（2）P204 皂化率不够，铜余液 pH 值控制不好；（3）P204 洗钴酸流量过大，导致铜料 pH 值降低；（4）除铁后液 pH<3.0；（5）P204 有机相断流；（6）P204 有机相含铁超标，洗铜、洗铁酸酸度降低，更换不及时。

措施：（1）调整铜料液 pH 值至3.0～3.5；（2）根据铜料液杂质含量及时调整流比；（3）提高 P204 皂化率，控制铜余液 pH 值到 3.7～3.9；（4）严格控制洗钴酸流量；（5）将不合格铜余液并入铜料液进行处理；（6）每半小时对流量进行巡查，防止断流。

（二）P204 铜余液含钙超标

原因：（1）原料中杂质总量过高，流比没有及时调整；（2）皂化率控制过高，萃余液 pH>3.9；（3）铜料 pH>3.5；（4）有机相断流；（5）P204 洗铁酸更换不及时，补充新酸量大，有机相洗涤效果降低。

措施：（1）及时调整流比；（2）调整皂化率，降低萃取段水相 pH 值，控制水相 pH 值在3.7～3.9；（3）及时更换洗铜酸、洗铁酸，保证再生有机萃取能力；（4）加大有机流比，不合格的 P204 铜余液返回循环处理。

（三）氯化钴液含铜、含钙超标

原因：（1）不合格的 P204 萃余液进入 P507 工序；（2）铜、钙在 P507 工序反萃钴段富集；（3）氯化钴液 pH 值长期控制在 2.5～3 甚至更高；（4）反萃钴酸突然增大；（5）氯化钴液 pH 值降低过快。

措施：（1）P204 工序加强控制，杜绝不合格萃余液进入 P507 工序；（2）控制好反萃钴段氯化钴液 pH 值，防止杂质富集；（3）加大反萃酸流量，最后清出不合格水相，重新充槽。

（四）氯化钴液含镍超标

原因：（1）萃取段颜色失控，流比失调；（2）皂化率过高，有机相黏度大，导致 P507 有机相、水相不分相，含镍高的溶液被夹带至反萃钴段；（3）洗镍酸流量小或酸浓度不够；（4）洗镍后有机澄清级水相液位高，未及时排放。

措施：（1）加强岗位责任心，勤巡查流量和颜色变化；（2）皂化率严格控制在技术条件范围内；（3）保证洗镍酸流量和浓度；（4）定期对洗镍有机澄清级排空水相。

## 第四节　萃取设备

### 一、混合澄清萃取箱

混合澄清萃取箱大多由两个相连的容器组成，即混合室和澄清室，两者构成一级。水相和有机相在混合室内，由搅拌器输入能量使它们充分混合，待传质过程接近平衡后，混合相进入大面积的澄清室进行两相分离。分离后的水相和有机相分别流入相邻级的混合室实现逆流多级萃取过程。由于这种设备是分级平衡萃取作业，故称级式萃取器。最简单的混合澄清萃取箱是箱式混合澄清器，如图 4-6 所示。这种萃

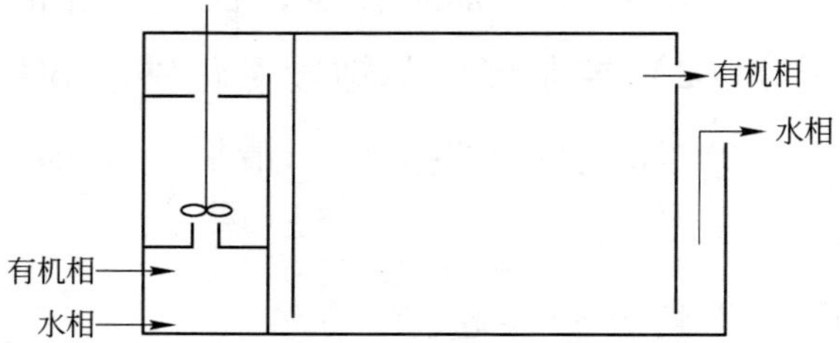


图 4-6 箱式混合澄清器

取箱的混合室和澄清室交错配置在同一个箱体内，彼此用隔板隔开，相邻级间两相液流由箱内相应隔板的开孔连通，无管道连接。搅拌器通常用桨叶，只起两相混合作用。液体的流动是靠各级两相的密度差产生的推动力实现的。因此，这种萃取箱必须有一定的深度，因为密度差产生的流动推力与液层深度成正比。

## 二、萃取塔

萃取塔是垂直安装的萃取设备，多为圆柱形。轻相自塔底进入，由塔顶溢出，重相自塔顶加入，由塔底流出，两者在塔内做逆向流动，其中一相为分散相，另一相为连续相。分散相以滴状分散在连续相之中，以增大接触面积，有利于传质。塔的中部是工作段，上下两端是分离段，分别用于分散相液滴的凝聚分相以及连续相夹带的微细液滴的沉降分离。

按照产生分散相的方法不同，萃取塔可以分为三种类型：无动力（如填料塔）、塔自身具有动力（如转盘塔和振动筛板塔等）、工作液体具有动能（如脉冲塔）。萃取塔结构如图4-7所示。

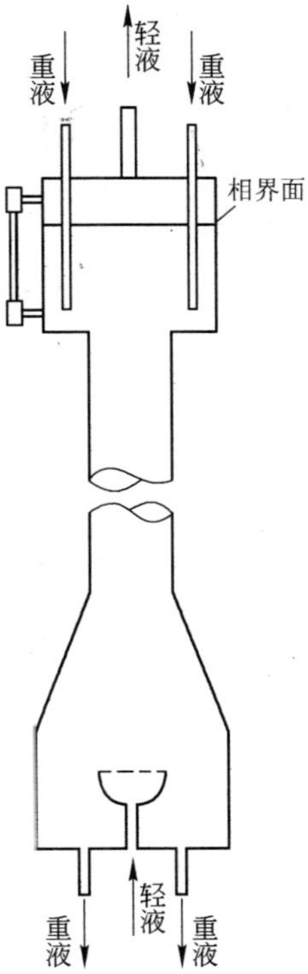

图4-7　萃取塔

## 三、离心萃取器

离心萃取器是利用离心力作用来实现两相混合和分离的萃取设备，被广泛应用于制药、湿法冶金、核工业、生物化工、环境保护等领域。其材质一般为增强型有机树脂，具有设备成本低、噪声小、振动小等特点。料液从离心萃取器的外壳入口沿水平切线方向进入外壳与转鼓之间的环隙空间，通过转鼓的高速转动，两相被强烈搅拌、高速充分混合，受转鼓表面和外壳内表面的摩擦作用而激烈混合，在环隙空间内产生了强烈的涡流，混合过程同时伴随两相间萃取传质过程。混合液在外壳底部导流叶片的作用下，从底部高速进入转鼓，此时传质过程基本完成。进入转鼓底的混合液，由于不互溶的两相存在密度上的差异，混合液沿转鼓的轴线方向向上移动的同时，在离心力的作用下密度较小的一相逐渐向转鼓径向中心聚集，而密度较大的一相逐渐向转鼓外壁聚集，最后得到分离的两相分别通过各自的通道，在离心力的作用下甩向不同的收集环，并最终通过重相或轻相导管流出外壳，此时分相过程完成。离心萃取器结构如图4-8所示。

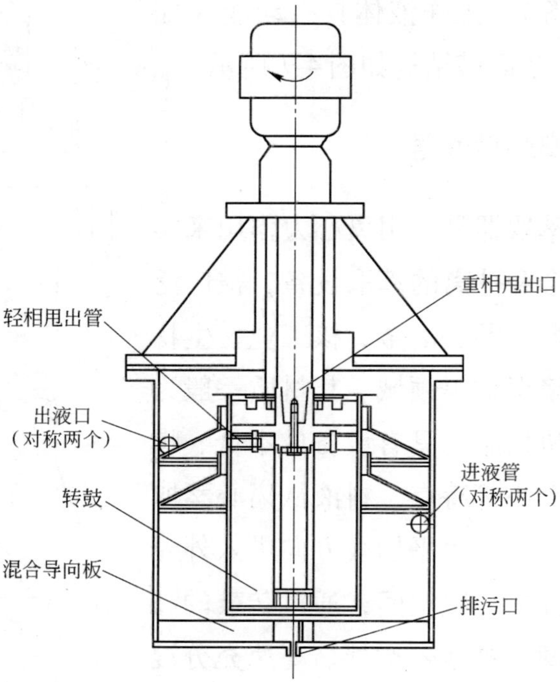


图 4-8 离心萃取器

# 第四章 钴电积

## 第一节 钴电积基本知识

### 一、电极电位

任何一种金属插入含该金属离子的水溶液中，在金属/溶液界面上都会形成一定的电荷分布，从而形成一定的电位差，称为该金属的电极电位。

标准电极电位是指将金属在给定的统一的标准环境条件下（即将金属放在金属离子活度为1mol/L的溶液中，在25℃和标准大气压力的条件下），相对于一个统一的电位参考基准所具有的平衡电极电位值。标准电极电位的大小又是以标准氢电极电位作为参考基准，统一规定标准氢电极电位为零电位，其他金属的标准电极电位都是相对于标准氢电极电位的代数值。标准电极电位用$E^{\ominus}$表示，单位为V。常用电极的标准电极电位见表4-6。

**表4-6 常用电极的标准电极电位**

| 电极氧化态/还原态 | 电极反应 | 标准电极电位 $E^{\ominus}$/V |
|---|---|---|
| $Li^{+}/Li$ | $Li^{+}+e=Li$ | -3.01 |
| $Rb^{+}/Rb$ | $Rb^{+}+e=Rb$ | -2.98 |
| $K^{+}/K$ | $K^{+}+e=K$ | -2.925 |
| $Ba^{2+}/Ba$ | $Ba^{2+}+2e=Ba$ | -2.92 |
| $Ca^{2+}/Ca$ | $Ca^{2+}+2e=Ca$ | -2.84 |
| $Na^{+}/Na$ | $Na^{+}+e=Na$ | -2.713 |
| $Mg^{2+}/Mg$ | $Mg^{2+}+2e=Mg$ | -2.38 |
| $Al^{3+}/Al$ | $Al^{3+}+3e=Al$ | -1.66 |
| $Mn^{2+}/Mn$ | $Mn^{2+}+2e=Mn$ | -1.05 |
| $Zn^{2+}/Zn$ | $Zn^{2+}+2e=Zn$ | -0.763 |
| $Fe^{2+}/Fe$ | $Fe^{2+}+2e=Fe$ | -0.44 |
| $Cd^{2+}/Cd$ | $Cd^{2+}+2e=Cd$ | -0.402 |
| $Co^{2+}/Co$ | $Co^{2+}+2e=Co$ | -0.27 |

续表 4-6

| 电极氧化态/还原态 | 电 极 反 应 | 标准电极电位 $E^{\ominus}$/V |
|---|---|---|
| $Ni^{2+}/Ni$ | $Ni^{2+}+2e$ ══ $Ni$ | -0.23 |
| $Pb^{2+}/Pb$ | $Pb^{2+}+2e$ ══ $Pb$ | -0.126 |
| $H^{+}/H_2$ | $2H^{+}+2e$ ══ $H_2$ | 0 |
| $Cu^{2+}/Cu$ | $Cu^{2+}+2e$ ══ $Cu$ | 0.34 |
| $O_2/OH^{-}$ | $H_2O+1/2O_2+2e$ ══ $2OH^{-}$ | 0.401 |
| $Cu^{+}/Cu$ | $Cu^{+}+e$ ══ $Cu$ | 0.522 |
| $As^{5+}/As^{3+}$ | $H_3AsO_4+2H^{+}+2e$ ══ $HAsO_2+2H_2O$ | 0.58 |
| $Fe^{3+}/Fe^{2+}$ | $Fe^{3+}+e$ ══ $Fe^{2+}$ | 0.77 |
| $Ag^{+}/Ag$ | $Ag^{+}+e$ ══ $Ag$ | 0.80 |
| $Cl_2/Cl^{-}$ | $Cl_2+2e$ ══ $2Cl^{-}$ | 1.36 |
| $Au^{3+}/Au$ | $Au^{3+}+3e$ ══ $Au$ | 1.42 |

由于实际工程条件并不一定处于标准状态下，此时的平衡电极电位可用能斯特公式计算：

$$Me + ne \longrightarrow Me^{n+}$$

$$E = E^{\ominus} + RT/(nF) \times \ln(a_{氧化态}/a_{还原态})$$

式中 $E^{\ominus}$——某电极的标准电位，V；

$F$——法拉第常数，$F=96500$C/mol；

$T$——绝对温度，K；

$R$——气体常数，$R=8.314$J/(mol·K)；

$n$——由还原态物质变成氧化态失去的电子数；

$a$——氧化态、还原态物质的活度（或有效浓度，mol/L）。

## 二、极化和超电压

通常把实际分解电压超过理论分解电压的现象称为极化，把实际分解电压超过理论分解电压的数值称为超电压。

极化现象的产生可简单分为三类，即浓差极化、电化学极化和电阻极化。

（1）浓差极化。在钴电解精炼时，阴极表面附近电解液中 $Co^{2+}$ 沉积到阴极上，因而降低了阴极附近的浓度，如果本体溶液中的 $Co^{2+}$ 来不及补充上去，则阴极附近液层中的 $Co^{2+}$ 浓度低于它在本体溶液中的浓度。就好像是将此电极浸入一个浓度较小的溶液一样，而通常所说的平衡电位都指本体溶液的浓度而言，显然，此电极电位将小于其平衡值，这种现象称为浓差极化。

电解液循环的方法可使浓差极化减小，但由于电极表面扩散层的存在，不可能将其完全除去。

（2）电化学极化。一个电极反应过程包括反应物质的迁移、传递、反应物质在电极/溶液界面上得失电子等。如果反应物质在电极/溶液界面上得失电子的速度，即电化学反应速度落后于其他步骤所进行的速度，则造成电极表面电荷积累，其规律是使阳极电位更正，阴极电位更负。故由电化学反应速度缓慢而引起的电极极化现象为电化学极化。

（3）电阻极化。电阻极化是由于电解过程中在阳极金属表面生成一层钝化的氧化物膜或其他物质的覆盖层，使电流通过困难，造成阳极电位更正，阴极电位更负。由于这层膜的形成是钝化作用所致，故电阻极化又称为钝化极化。

极化现象是产生超电压的原因。超电压是普遍存在着的，不过不同的离子其超电压也不同，有时相差很大，一般说来金属离子超电压都不大，只有在较高电流密度电解时，超电压才会显著增加，使槽电压上升电耗增加。

### 三、电解定律

在电解过程中，通过电解液的电量与阴极上所析出物质的量之间存在一定关系，这个关系可用法拉第定律阐明。法拉第定律包括以下两项内容：

（1）在电极的两相界面处（如金属/溶液界面上）发生电化学反应的物质质量与通过其界面上的电量成正比，即与电流强度及通电时间成正比，此称为法拉第第一定律。

（2）在电极上溶解或析出1mol的任何物质所需的电量是一样的，与该物质的本性无关，此称为法拉第第二定律。对于任何物质这一特定的电量均为常数，称为法拉第常数，记为$F$。$F=96500\text{C/mol}=96500\text{A}\cdot\text{s/mol}=1608.33\text{A}\cdot\text{min/mol}=26.805\text{A}\cdot\text{h/mol}$。

法拉第定律可用下式表示：

$$W = qIt$$

式中 $W$——电极上生成物质的质量，g；

$q$——电化当量，表示单位电量所析出或溶解的元素质量，g/(A · s)或g/(A · h)，见表4-7；

$I$——电流强度，A；

$t$——电流通过的时间，s 或 h。

根据法拉第常数的定义，对于原子价为 $n$（参与电极反应的离子价，或在电极反应中得失电子数）、相对原子质量为 $A$ 的元素，其 1mol 质量为 $A/n$(g)，则根据上式可写成：$A/n = qF$，即：$q = A/(nF)$。

**表 4-7　常用金属的电化当量**

| 元　素 | 原子价 | 相对原子质量 | 化学当量 | 电化当量/$g \cdot (A \cdot h)^{-1}$ |
|---|---|---|---|---|
| 氢（H） | 1 | 1.008 | 1.008 | 0.034 |
| 镍（Ni） | 2 | 58.71 | 29.335 | 1.095 |
| 钴（Co） | 2 | 58.83 | 29.415 | 1.097 |
| 铜（Cu） | 1 | 63.51 | 63.57 | 2.373 |
| 铜（Cu） | 2 | 63.57 | 31.778 | 1.186 |
| 铁（Fe） | 3 | 55.85 | 18.616 | 0.695 |
| 铁（Fe） | 2 | 55.85 | 27.923 | 1.042 |
| 铅（Pb） | 2 | 207.19 | 103.595 | 3.867 |
| 锌（Zn） | 2 | 65.3 | 32.650 | 1.220 |

## 第二节　钴电解实践

钴的电解分为可溶阳极电解（简称电解精炼）和不溶阳极电解沉积（简称电积），这里主要讲述不溶阳极电积生产钴的工艺。

## 一、钴电解过程的电极反应

### （一）钴电解精炼过程的电极反应

钴电解精炼时，电解液采用酸性的 $CoCl_2$ 溶液，粗钴板铸成阳极，阴极采用钛板，正负离子在通电电解时，分别向两极移动，其两极的反应如下：

（1）阳极过程。在阳极上发生氧化反应。溶液中的 $Cl^-$、$OH^-$ 的电极电位比钴及其他金属更正，在阳极上主要是钴和贱金属的不断溶解过程，如：

$$Co - 2e \longrightarrow Co^{2+}$$

（2）阴极过程。在阴极上发生还原反应，溶液中 $Co^{2+}$ 移向阴极并接受两个电子成为中性钴原子，在阴极上以结晶态析出，如：

$$Co^{2+} + 2e \longrightarrow Co$$

$H^+$ 具有比 $Co^{2+}$ 更大的正电性，因此在标准状态下，应当是 $H^+$ 优先在阴极上放电析出。但实际上，由于 $H^+$ 在各种不同金属材料的阴极上析出时有不同的超电压，因此，它的析出电位比它的平衡电极电位更负。$H^+$ 在阴极钴上析出的超电压虽不很大，但仍能使 $H^+$ 在阴极上析出的电位值比钴稍负。因此，钴离子比氢离子优先在阴极上放电析出。

### （二）钴电积过程的电极反应

目前，钴不溶阳极电积生产通常是采用氯化体系进行，该工艺主要以钛涂钌阳极板为阳极，以钛板或钴始极片为阴极，以经净化除杂后的氯化钴溶液为电解液。

在电积过程中，带正电荷的 $Co^{2+}$、$Na^{+}$、$H^{+}$ 及其他杂质金属离子移向阴极，$Cl^{-}$、$OH^{-}$ 等带负电荷的离子移向阳极，选择性地发生离子的放电反应。其两极反应如下：

（1）阳极反应：

$$2Cl^{-} - 2e \longrightarrow Cl_2$$

阳极放出氯气，采用隔膜袋加罩密封，收集阳极室的氯气，并通过负压系统抽出。

（2）阴极反应：

$$Co^{2+} + 2e \longrightarrow Co$$

$$2H^{+} + 2e \longrightarrow H_2\uparrow$$

由于氢离子在阴极上析出的超电压大，致使钴离子优先在阴极上析出。

## 二、槽电压、电流效率和电能消耗

### （一）槽电压

槽电压就是电解槽内相邻阴、阳极之间的电压降数值。每对阴、阳极之间可以用电压表来测定。在生产实践中，并不采用测定法，而是用供给所有串联电解槽的总电压 $V_1$ 减去导电板的电压降 $V_2$，再除以串联电路上的总槽数 $N$ 所得的商，即为槽电压 $E_{槽}$，即：

$$E_{槽} = (V_1 - V_2)/N$$

槽电压大体上由 $CoCl_2$（电解液）的理论分解电压 $E_{理}$，

电解液的电压降 $E_{液}$，接触点和导体上的电压降 $E_{接}$ 以及极化超电压 $E_{超}$ 等四项组成。即槽电压可按下式计算：

$$E_{槽} = E_{理} + E_{液} + E_{接} + E_{超}$$

槽电压升高，则降低电流效率，增加电能消耗，杂质在阴极上沉积的可能性增大，因而应设法降低槽电压，才能提高电流效率，降低电能消耗。

### （二）电流效率

电流效率在电解过程中是一项重要的技术经济指标。根据法拉第定律，通过 1A · h 的电量，理论上应在阴极析出 1.097g 的钴，但实际上总小于这一理论数值，这是因为其他离子参加了反应或漏电等。工业生产中，常用实际析出的钴量与理论上应产出的钴量的百分数来表示电流效率，并按下列公式计算：

$$\eta = G/(qItN) \times 100\%$$

式中 $\eta$——电流效率，%；

$G$——在电解通电时间内实际析出的钴量，g；

$q$——钴的电化当量；

$I$——通过电解槽的电流强度，A；

$t$——电解通电的时间，h；

$N$——电解槽个数。

影响电流效率的因素有：电解液中的钴、pH 值、电解液的温度、电流密度、电解液的浓度、漏电现象、阳极板和添加剂等。

### （三）电能消耗

电积钴时的电能消耗 $W$ 是指每生产 1 吨阴极钴所消耗的电能（kW·h）。按下列公式计算：

$$W = 实际消耗电能/阴极钴产量 \times 1000$$

$$= VItN/(INtq\eta) \times 1000$$

$$= V/(q\eta) \times 1000$$

式中 $I$——通过电解槽的电流，A；

$t$——电解沉积的时间，h；

$N$——电解槽个数；

$q$——钴的电化当量，g/(A·h)；

$V$——槽电压，V；

$\eta$——电流效率，%。

由以上公式可见，电能消耗与电流效率成反比，与槽电压成正比。因此，在生产实践中，总是要采取措施来提高电流效率，降低槽电压，以降低电能消耗。

## 三、钴电积时的主要技术条件

### （一）电解液的组成及钴的浓度

电解质浓度和电流密度的影响在很大程度上互为补充。当浓度增大或搅拌溶液时，可以采用较大电流密度，而不致产生大晶粒或析出氢气。浓度增大有利于生成致密的沉积物层，这是因为在浓溶液中大量离子的存在能促使新晶核的产生。而如果钴离子浓度偏低，原有晶核的生长速度大于新晶核的生成速度，从而得到大结晶的沉积层，但由于其他杂质金属的相对增加，会影响阴极钴板的化学质量。另外，由于极化作用，电钴液钴离子浓度过大或过小都会导致电流效率的降低。因此，工业上一般将电解液中钴浓度控制在65g/L左右。

（二）电流密度

电流密度是电积过程中最重要的技术条件之一。电流密度越大，通过的电流强度越大，电解沉积时间就越短，阴极出槽周期越短，产量越多。所以，提高电流密度是强化生产的一种有效手段。但是过高的电流密度会加速电解液离子浓度的贫化，若金属离子得不到迅速补充，必然造成杂质离子在阴极上析出。另外，电流密度过大时，能使氢气和金属同时析出。氢气的析出影响晶粒的长大过程，使之生成多孔的或海绵状沉积物，同时使得电耗增加，电流效率降低。因此需把电流密度控制在适当的范围内，工业上一般采用的电流密度为220～300A/$m^2$，而且电流密度必须稳定，否则阴极钴将会卷边。

（三）电解液的酸度

电解液的酸度不仅影响电流效率，而且影响钴沉积物的结构。电解液酸度越大，氢就容易在阴极上析出，影响电流效率及阴极钴板的物理外观质量。当电解液酸度越小，pH值越大时，电解 $CoCl_2$ 溶液时在阴极上会生成 $Co(OH)_2$ 的沉积物，同时产出的阴极钴硬度大，弹性差，且易分层。实

际生产中 $CoCl_2$ 溶液阴极液 pH 值一般控制在0.5～1.5。

（四）电解液的温度

提高温度能促进电解液中钴离子的扩散，减少浓差极化，使电流效率提高，槽电压下降；能加快阴极沉积物晶粒成长的速度，析出较大结晶的沉积物。但是温度过高，会降低氢的超电压，有利于氢的析出，使溶液的酸度减少，从而出现碱式盐沉淀。若降低电解液温度，则带来相反的结果，并使阴极钴发黑，出现爆裂等现象。生产实践中一般控制电解液的温度在50～65℃范围内，且过程温度必须稳定。温度波动会使阴极钴发生卷边或成网状结构。

（五）电解液中添加硼酸

在电解过程中为改善技术经济指标，通常向电解液中加入一些表面活性物质——添加剂。实践证明，加入适量的添加剂是获得结构致密、表面光滑、杂质含量少的电解产品的有效措施之一。

在生产中加入一些硼酸，能改善电钴质量，这是因为在电解过程中，阴极或多或少地要析出氢气，使得靠近阴极表面的电解液 pH 值上升，导致金属离子水解，形成碱式盐沉淀吸附在阴极表面而影响产品质量。当电解液中加入硼酸后，由于它是一种弱酸，在溶液中存在电离平衡，若溶液的 pH 值升高时，便电离出 $H^+$ 离子，使 pH 值不致升高，因此，硼酸是作为一种缓冲剂加入电解液的。

（六）电解液的循环

在电解过程中，为消除或尽量减少电解液的浓差极化现象，除维持电解槽中电解液的必要温度外，还必须对电解液进行适当的搅动，通常采用电解液循环流动的办法来达到这个目的。通过循环起到搅拌作用，尽可能消除各部位电解液成分的差异。通过电解液的循环，还可以把热量传给电解液，维持电解液的正常温度，同时使添加剂均匀地分配到电解液中。

电解液循环速度的大小与电流密度的大小、电解液含有的主金属离子浓度、电解液的温度及电解液的容积有关。当电解液中主金属离子浓度一定时，电流密度越高，循环速度也应越快，因为电流密度高，金属离子沉积速度就快，需要补充的金属离子就多，若电流密度不变而电解液主金属离子含量增加时，可适当减小循环速度，在提高电解液温度的情况下，也可以适当减慢循环速度。

应当指出的是，过快的循环速度对生产并不利，这不仅增加了净化量，提高了生产成本，同时随着循环速度的加快，杂质在阴极上析出的可能性增加。因此，选择合适的循环速度，对产品的质量和经济效益都是很重要的。

## 第三节　电钴生产实践

电钴常见的外观缺陷有夹杂物、氧化色、凹坑、结瘤。这些外观和结构的缺陷，不仅可使阴极钴的杂质含量增加，而且还会导致阳极隔膜袋的损坏和阴、阳极间短路，降低电流效率，破坏电积过程的正常进行。

## 一、阴极沉积物表面上气孔的形成

电积时总有一些氢随钴同时在阴极上析出。生成的氢气泡一般易从阴极表面分离，不影响阴极沉积物的外形。但在某些条件下，氢气泡将牢固地保持在阴极表面，钴板表面出现许多发亮的气孔。为了防止气孔生成，一方面生产过程中需要保持电流密度、阴极液钴浓度及 pH 值的稳定，以减少浓差极化，避免氢的超电压降低而使氢气大量析出；另一方面要严格控制好氯化钴液中的有机物含量，因为当阴极上出现氢气时，原来吸附于阴极表面上的表面活性有机物将富集于气泡和溶液界面形成有机物膜，这不仅使气泡难与阴极表面分离，而且又阻碍其迅速汇聚，因而微小氢气泡将缓慢增长成较大气孔，保留于沉积物上。

## 二、阴极沉积物表面结晶粗糙、枝状结瘤的形成

电积过程产出的钴板表面一般都比较平滑。但若条件控制不当，沉积物表面也会出现长粒子、结晶粗糙、枝状结瘤等不良现象。研究表明，沉积物表面粒子的生长是从一点即从结晶中心开始的。因此在阴极表面上任何导电微粒的黏附或有利于三维晶核生成的因素，均可导致电力线局部集中而生成粒子，进而发展成为枝状结瘤。在生产中最常见的有以下几种情况：

（1）固体颗粒在阴极表面上机械附着。若含有悬浮细颗粒的溶液进入隔膜袋中，电解时这些细粒将均匀吸附在阴

极表面，使电力线分布不均匀。这种情况一般在电解新开槽时容易产生。所以开槽通电前，必须细致地做好清洗工作，防止灰渣混入。

（2）阴极电流密度局部增高。阴阳极距离不正时，粒子大多生长在阴极板下部和左右两侧边沿，这是由于电力线集中在电极边沿处。若始极片尺寸太小，则其边沿处电力线分配更多，钴析出更快，从而长出密密麻麻的细小圆粒子。若不及时解决，就会逐渐长成枝状结瘤，底部还会常有发黑气孔，最终可能损坏隔膜袋。因此，要求始极片尺寸稍大于阳极，同时严格装槽作业，摆正电极，保持相等的极距。

## 三、钴阴极沉积物表面氧化色和夹层的形成

电积钴的内应力较大是易发生分层的主要原因。影响沉积物分层的因素较多，根据生产实践可归纳为下列几点：

（1）始极片表面状态的影响。若金属沉积在由同一种金属制成的清洁始极片上，由于它们的晶格类型和参数相同，析出的金属晶体能在始极片上连续生长，当然不会出现分层现象。但当始极片洗得不干净，表面有一层氧化物膜时，由于结晶特征的差异，析出的钴将产生夹层。此种成品钴板被剪切时，将立即爆裂，露出夹层，有时夹层中还夹带溶液而影响质量。所以始极片放入电解槽时必须保证其表面干净，无氧化物膜。为此，钴始极片要预先在稀盐酸溶液中浸泡 16h，取出烫洗干净后立即下槽电解。

（2）电流密度的影响。当电流密度低时，氢的超电压低，易析出，部分氢溶解在金属中，使钴沉积物晶格歪曲，内应力增大而产生爆裂、分层现象。因此一般采用高电流密度生产，以提高氢的超电压，减少氢的析出。但电流密度增大而电解液钴浓度不相应提高，则氢也将大量析出，造成阴极表面附近溶液 pH 值升高，钴盐水解沉淀，沉淀物吸附在阴极表面也会产生爆裂、分层现象，这种分层多数夹带溶液。因此要严格控制电流密度和适当的钴浓度。

（3）电解过程中直流电源中断的影响。电解时，若电解槽突然停电，而停电时间又比较长，再通电时易使阴极钴板出现夹层。这主要是电流中断时，镍、钴、铁等负电性金属易氧化，在钴板表面上形成一些氧化物膜而导致钴板分层。因此要设置备用电源，避免长时间中断电流。

## 第四节　钴电积的主要设备

### 一、电解槽

一般用钢筋混凝土制成电解槽外壳，内衬防腐材料及整体玻璃钢。电解槽结构如图 4-9 所示。

在电解过程中，由于阳极产生氯气，故阳极一般都设有由 ABS 塑料阳极罩，阳极罩浸没在电解液中，阳极罩上还套有涤纶布袋，阳极罩顶端接抽气管。每片阳极有一个阳极

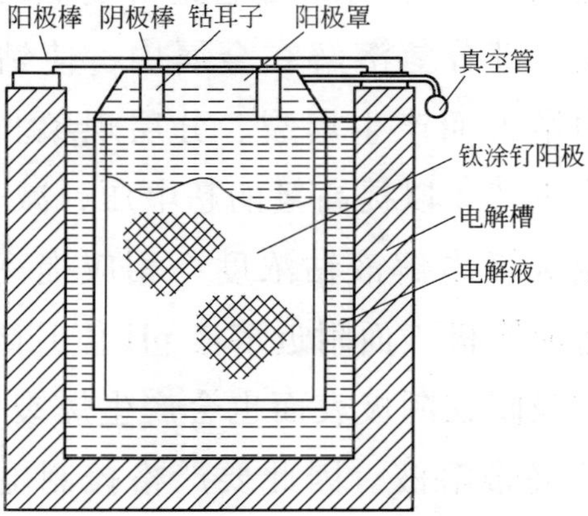


图 4-9 电解槽结构示意图

罩和一根抽气管，把电解过程中阳极产出的氯气通过抽气管集中回收利用。此外，为了改善操作条件，电解槽槽沿设置有槽面抽气设施，以收集电解槽表面逸出的少量氯气和酸雾。

## 二、阳极

大多数工厂采用 $CoCl_2$ 溶液电积钴。为了减少阳极杂质的影响，要求阳极材料在电解液中的溶解度小、导电性好。国内某厂采用的是钛涂钌阳极，阳极上端接有 ABS 塑料阳极罩，罩下面放涤纶布做成的阳极隔膜袋。

## 三、阴极

种板一般采用 3 ~ 5mm 厚的钛板做成，为便于能够从种板上顺利剥离钴始极片，通常在种板的三个边上装配 PP 夹条。种板上剥离的钴始极片在生产时作为阴极，始极片的长、宽略大于阳极，阴极导电棒为铜镀银导电棒，阴极挂耳是用始极片剪成的宽为20～30mm的钴条，以保证阴极液不被污染而影响产品质量。

# 第五章　钴盐及其他产品的生产

钴盐广泛应用于国民经济的各个领域，特别是在二次电池、玻璃、陶瓷、硬质合金等行业。目前，国内各厂家广泛生产和应用的钴盐主要有氢氧化亚钴、四氧化三钴、草酸钴、硫酸钴和氯化钴等。

## 第一节　钴盐的生产实践

### 一、氢氧化亚钴的生产

氢氧化亚钴的相对分子质量为93.95，是玫瑰红色单斜或四方晶系结晶体；其密度为3.597g/cm$^3$，熔点为1100～1200℃；溶于酸及铵盐溶液，不溶于水和碱；能与一些有机酸反应生成相应的钴肥皂，在空气中容易被氧化为棕色$Co(OH)_3$。

氢氧化亚钴在化工生产中用于制造钴盐，如四氧化三钴、含钴催化剂及电解法生产双氧水分解剂。

氢氧化亚钴的制备方法按制备原理分主要有：化学沉淀法、粉末金属法和钴电解法，已成功实现产业化的制备方法主要为湿法化学沉淀法。

湿法制备氢氧化亚钴的工艺也有多种，原则上都遵循 $Co + 2OH^- \longrightarrow Co(OH)_2$ 这一反应原理。即将金属钴或含钴废料与硝酸（盐酸）反应生成硝酸钴（氯化钴），再与氢氧化钠和氨水组成的沉淀剂进行反应，经沉淀、洗涤干燥得到氢氧化亚钴。

氢氧化亚钴生产工艺流程如图4-10所示。

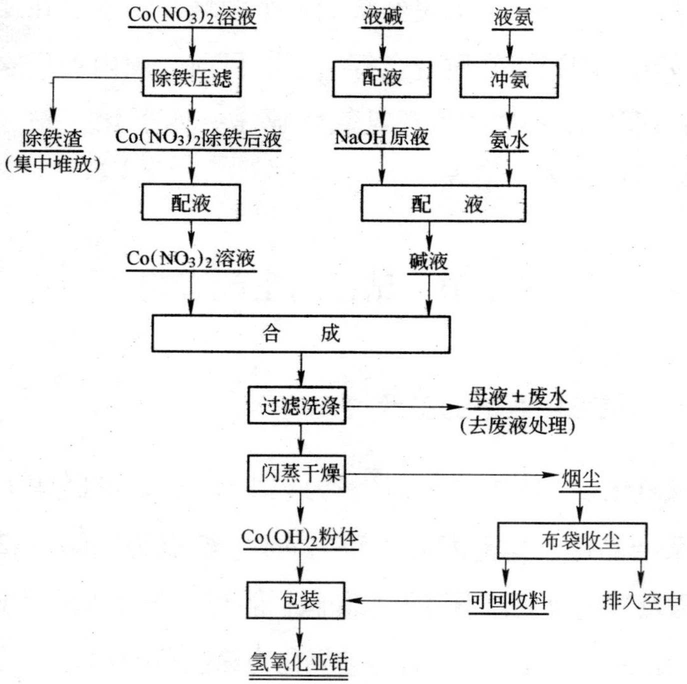


图4-10 氢氧化亚钴生产工艺流程图

氢氧化亚钴的形成经历形核、长大和聚集三个过程。结晶过程包括成核和晶体长大两个过程，这两个过程决定氢氧化亚钴微晶的大小。如果晶核形成速率很快而晶体的生长速度很慢，便会形成胶状固体，反之则形成大的晶体，只有适当控制成核和长大的速度关系才能得到适当粒度的微晶。

## 二、四氧化三钴的生产

四氧化三钴（$Co_3O_4$）粉末外观呈灰黑色或黑色，理论钴含量为 73.43%，氧含量为 26.57%，密度为 6.0 ~ 6.2g/cm$^3$。$Co_3O_4$ 结晶属立方晶系。$Co_3O_4$ 不溶于水、盐酸、硝酸、王水，能缓慢溶解于热硫酸中。$Co_3O_4$ 是一种具有特殊结构和性能的功能材料，是制备锂离子电池正极材料钴酸锂的主要原料。

### （一）湿法沉淀—煅烧法

在控制温度、pH 值等工艺条件下，以氢氧化钠（碳酸氢铵）为沉淀剂，生成氢氧化亚钴（碳酸钴）沉淀，经过滤、洗涤和干燥后，在 800℃ 左右高温煅烧，得到 $Co_3O_4$ 粉末。$Co_3O_4$ 生产工艺流程如图 4-11 所示。

### （二）喷雾热解法

喷雾热解法是利用可溶性钴盐溶液通过喷雾成小液滴在高温下瞬间完成蒸发、结晶、热分解的方法，这种方法制备的粉体材料具有粒度均匀可控、形貌单一的优点。

氯化钴溶液热解反应方程式如下：

$$3CoCl_2 + 3H_2O + 1/2O_2 \longrightarrow Co_3O_4 + 6HCl$$

喷雾热解工艺中最关键的因素为雾化器、反应温度及温

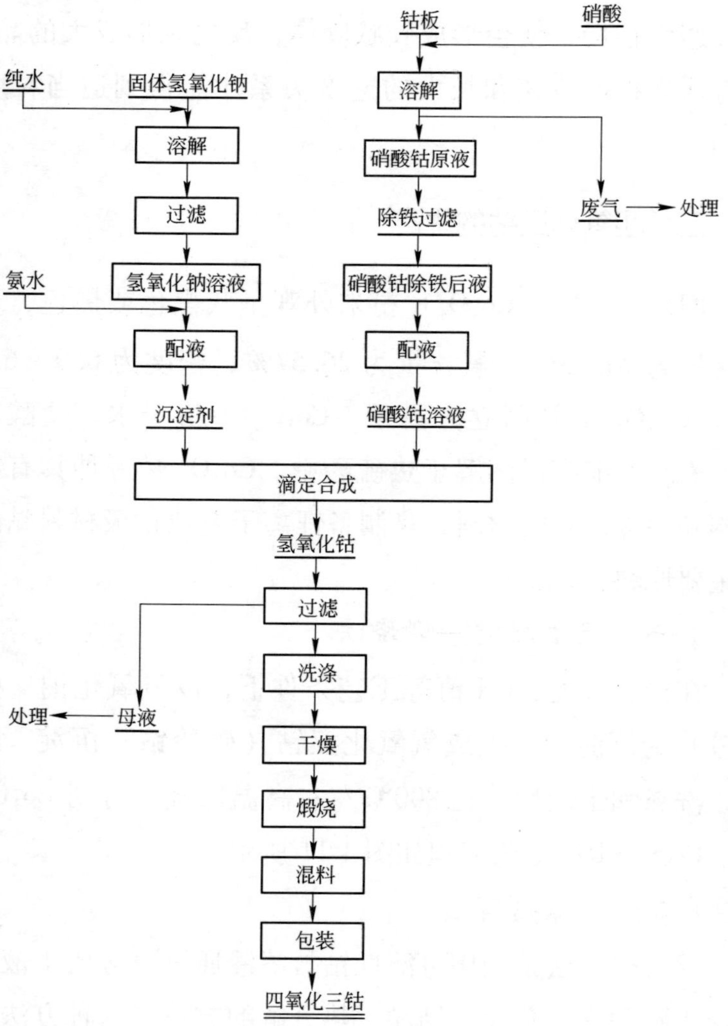


图 4-11　四氧化三钴生产工艺流程图

度梯度。雾化器的性能主要包括雾滴大小、雾化效果等。反应温度及温度梯度的控制主要是燃气量的调节、雾化量、喷枪高度、喷雾压力。反应时间的控制主要是负压、炉体高度、总炉气量、物化压力。

## 三、草酸钴的生产

草酸钴是一种重要的钴盐，它由钴与草酸化合而成，分子式为 $CoC_2O_4$，相对分子质量为 146.93，二价钴的草酸钴通常为桃红色含二水化合物，难溶于水，微溶于酸，易溶于氨水。在空气中加热到 120℃时，草酸钴中的结晶水脱除即变成无水盐。当温度达到 400℃以上时，草酸根开始分解，并在空气中燃烧生成黑色氧化钴粉末。草酸钴主要用作制氧化钴和金属钴的原料，也可用来制取其他钴化合物、钴有机催化剂、指示剂。

在硫酸钴或氯化钴溶液中加入草酸铵溶液，生成草酸钴沉淀，再经过滤、洗涤、干燥而得，草酸钴沉淀过程的化学反应方程式如下：

$$CoCl_2 + (NH_4)_2C_2O_4 = CoC_2O_4 \downarrow + 2NH_4Cl$$

草酸钴生产工艺流程如图 4-12 所示。

氯化钴溶液的浓度、沉淀过程中的反应温度以及沉淀剂的加入速度等都会影响到最终草酸钴晶体的形貌及松装密度。

## 四、钴粉的生产

钴粉具有优良的物理、化学、力学性能，是制造高强度合金、金刚石工具、磁性材料和催化剂等的重要材料。目前

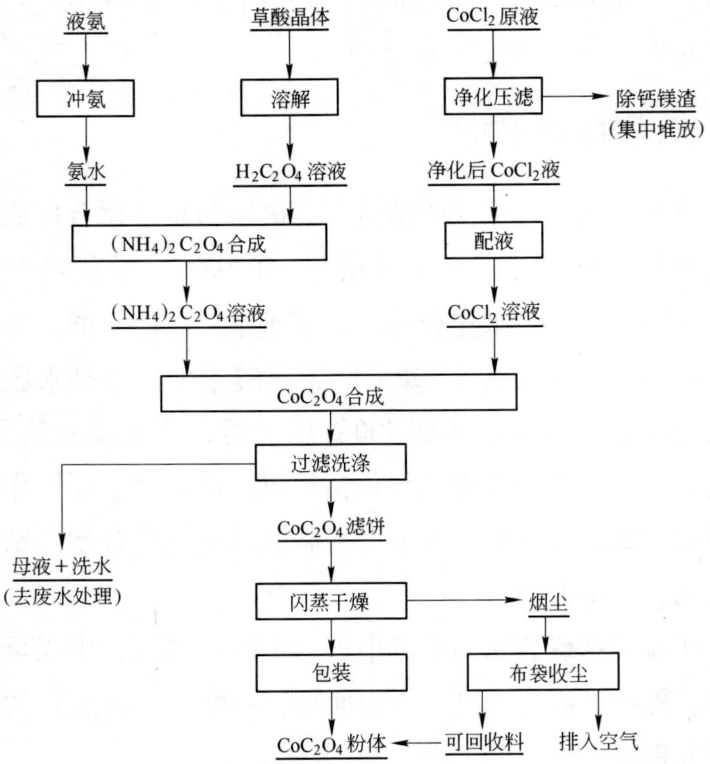


图 4-12 草酸钴生产工艺流程图

钴粉的主要生产方法为草酸钴氢气还原法。

早先硬质合金使用的钴粉多数是先将草酸钴煅烧得到氧化钴，再用氢气还原生产超细钴粉，随着氢气直接还原草酸钴技术研究的不断深入，目前草酸钴加氢还原法成了制备钴粉的主要方法，还原设备主要采用管式推舟炉或者钢带式还原炉。

氢气还原草酸钴的工艺原理如下：

$$2CoC_2O_4 \cdot 2H_2O + 3H_2 \longrightarrow$$
$$2Co + 3CO + CO_2 + 7H_2O$$

钴粉生产工艺流程如图4-13所示。

影响钴粉质量的因素很多，草酸钴原料的形貌直接决定了钴粉的微观形貌；在钴粉还原过程中，料层厚度、氢气流量与纯度、还原温度、还原时间、包装等因素直接决定最终产品的质量和使用。

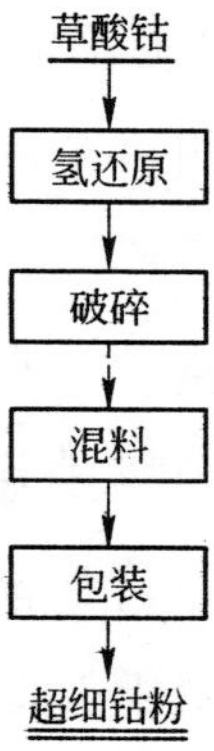

图4-13　钴粉生产工艺流程图

### 五、镍、钴、锰三元素前驱体的生产

由镍、钴、锰三元素前躯体制备的复合锂镍锰钴氧化物正极材料，由于其在价格、安全性能、充放电循环性能等方面表现出极大的优势，作为新一代锂离子电池正极材料正引起电池行业的极大关注。

目前，已经实现产业化的方法主要是湿法共沉淀法生产工艺，即以镍盐、钴盐、电解锰（锰盐）为主要原料，在一定的条件下反应制得中间体，经洗涤、干燥、混料等处理后得到镍、钴、锰三元素复合中间体产品。

## 第二节　主要设备介绍

### 一、煅烧炉

氢氧化亚钴煅烧生产四氧化三钴采用电阻加热炉，该煅烧炉炉体设有5个独立的加热温区，每个温区配有一个控温仪表和一个超温报警仪表，在煅烧炉的进料端，专配有特制螺旋喂料器，用于向炉内加料。改变进料器转速，即可改变进料速度。在煅烧炉的出料端，装有回转式排料器，用于将炉内物料排除。高温区段的前后两端顶部设有击打锤，用于击打炉管，防止物料粘壁。在气氛柜上设有一个浮子流量计，用于控制从炉管尾部进入炉管的空气流量。适量的空气流量可以保证最有效地将煅烧反应产生的水汽从炉管进料端排出，并使夹带出的物料最少。从炉管进料端的料仓顶部排出的空气、水气、物料夹带一同进入布袋式收尘器。

该煅烧炉可实现炉内气氛和温度的精确控制，生产能力及自动化程度较高。

## 二、钢带式还原炉

钢带式还原炉由钢带张紧装置、布料装置、炉门装置、炉体、空冷段、水冷段、冷却段支架、炉尾密封室、出料端驱动及破碎装置、钢带、钢带定位及纠偏装置、气氛控制系统和电气控制系统等组成。

该设备适用于以草酸钴（$CoC_2O_4 \cdot 2H_2O$）为原料制备海绵钴（Co）的生产工艺，是整个钴粉生产过程中的关键设备之一。其工作原理是：原料草酸钴（$CoC_2O_4 \cdot 2H_2O$）随输送钢带缓慢地通过炉膛，温度不断升高，当物料温度达到350℃左右时开始发生分解反应，其反应生成物为CoO、CO、$CO_2$、$H_2O$，其中CO与CoO进一步发生还原反应生成

Co 和 $CO_2$，$CO_2$ 与 $H_2O$ 成为气相后体积膨胀并从料层中逸出，使留在钢带上的 Co 形成海绵状结构。同时氨分解气氛从炉膛的末端进入，逆向通过炉膛。此时成海绵状的物料有利于 $H_2$ 的充分接触，使其中残留的 CoO 进一步还原为 Co 和 $H_2O$，从而得到高纯度的海绵状 Co。

钢带式连续还原炉与目前常用的推舟炉、管式炉相比，具有铺料均匀，温度场稳定，无舟皿装料还原死角，产品还原后质量均匀可靠，自动化程度高，产量大的优势。

# 第五篇

## 技术进步与创新

自1735年瑞典化学家Georg Brandt第一次分离出金属钴至20世纪，随着钴原料供应和钴产品应用的变化，钴的冶炼回收技术有了长足的发展。

在最近的20年中，工艺优化方面出现了新的进展，有效促进了大型铜钴矿、镍钴矿的开采和处理，同时也满足了日渐增长的钴需求。包括：

（1）原矿直接浸出。原矿直接浸出工艺代替传统的浮选—精矿浸出工艺，逐渐在许多氧化铜钴矿处理中应用，特别是在刚果（金）。

（2）加压浸出工艺处理红土矿。用于红土矿加压浸出工艺的高压釜和辅助设备的发展，有力促进了红土镍矿这种非常难处理的物料使用湿法冶炼工艺的进展。该工艺在澳大利亚已经建成和正在新建的工程中得到应用。

（3）湿法冶炼工艺处理硫化镍精矿。20世纪90年代，湿法冶炼工艺快速发展，氧化酸浸工艺开始应用。如Vale的Voisey's Bay工程使用了硫酸—氯化加压浸出工艺，还有在2008年停止生产的Activox®浸出工程在博茨瓦纳Tati的工厂均采用这一工艺。其他的还有CESL、Dynatec、Intec的氯化和生物浸出（如 BioNIC®）。湿法冶炼工艺适用于铂族金属含量低的原矿，以解决其回收率的问题，但是较火法冶炼工艺而言，残渣的储存问题更为突出。

（4）规模效益。由于铜、镍、钴需求量的增长和降低产品单位加工成本，提高竞争力的需求，规模效益显得更加重要。而提高规模效益的重要手段是技术进步，技术进步主要表现在设备尺寸的变大上。归功于强大计算机和强大分析软件（如静态和动态应力分析、流体动力学计算）的发展，设备尺寸放大变得便利，工艺控制和人机界面领域的巨大发展也有力促进了这一进步。

# 第一章 浸出工艺

浸出工艺包括以下几种：

（1）高温高压浸出砷钴矿。加拿大西北部的 NICO 项目进行了高温高压浸出砷钴矿技术的成功试验，2011 年开始具备年产 2000 吨金属钴的产能。该项目成功的关键在于符合环保标准，高压釜产出的含砷残渣稳定。从这个结果看，从砷钴矿生产钴产品的前景是值得期待的。

（2）替代加压浸出和 Caron 工艺用于红土矿处理的工艺。目前有许多潜在的可替代加压浸出和 Caron 工艺用于红土矿处理的工艺正在研究，包括硝酸浸出、常压硫酸浸出（必和必拓 Ravensthorpe）、盐酸浸出（Jaguar，Intec，ARNi）和堆浸。

（3）常规堆浸技术的改进。浸出堆的设计、投料准备、喷淋系统的改进使堆浸技术成功应用，如在土耳其的 European Nickel's Caldag 镍钴堆浸工程（年产 1000 吨镍钴氢氧化物混合物）。与冶炼技术和加压浸出技术相比，该项技术发展的推动力主要是投资的降低。

（4）生物堆浸技术。未来生物浸出技术具有与堆浸技术结合的很大的可能性，特别是在气候寒冷的地区，比如芬兰 Sotkama 附近的 Talvivaara 多金属 Ni-Zn-Cu-Co 矿（年产 1200 吨硫化镍钴混合物）。

（5）生物浸出处理黄铁矿。1998 年生物浸出搅拌罐在乌干达 Kasese 成功应用，年产 700 吨金属钴。其他一些工程采用了类似的工艺（如 BacTech），在北美和加拿大也适用。

（6）从铜熔炼残渣中回收钴。直流电弧炉和湿法冶炼工艺结合，处理从铜熔炼残渣中提取钴的工艺流程于 1998 年在赞比亚 Chambishi 成功应用，年产 4000 吨钴产品。直流电弧炉可从残渣中选择性还原钴，将铁留在渣中，产生的钴合金再使用加压酸浸进行处理。

# 第二章 净化工艺

净化工艺包括以下几种：

（1）中和水解沉淀除杂。中和水解沉淀除杂是钴湿法冶炼流程中最古老的工艺，中和剂一般使用碳酸钠、碳酸钙或者氧化钙。该工艺简单易用，可有效去除锰、镁、镍之外的其他杂质元素。通过精细控制，可防止钴被共沉淀。这一工艺在许多新建项目中都被使用。

（2）空气/二氧化硫除铁、锰。锰是钴生产流程最麻烦的杂质，特别在刚果（金），水钴矿原矿中锰与铜钴伴生（以硬锰矿（Co，Cu，Mn，Fe）O（OH）和锰矿 MnO（OH）为主），且含量较高，传统的石灰沉淀工艺无法除去。使用 $O_2/SO_2$ 或空气/$SO_2$ 混合物从硫酸盐溶液中氧化、沉淀除锰的工艺正在广泛研究，并在刚果（金）的 Tenke Fungurume 和 Ruashi 工厂中应用。

（3）针铁矿法除铁。针铁矿法除铁最先作为比利时巴伦电锌厂的专利而被提出。该法由于过程操作简单，铁渣易过滤，渣量少以及能深度除掉 As、Sb、Fe、$SiO_2$ 等杂质而广为人们所推崇。针铁矿法除铁有两种操作过程，一种是将高浓度的 $Fe^{3+}$ 溶液添加到不含 $Fe^{3+}$ 的溶液中，使 $Fe^{3+}$ 含量小于 1g/L 从而生成 α-FeOOH 沉淀；另一种是首先把 $Fe^{3+}$ 还原成 $Fe^{2+}$，然后在 $Fe^{2+}$ 氧化成 $Fe^{3+}$ 的同时生成 α-FeOOH 沉淀。

（4）萃取除铁。N235-TBP 两种萃取剂混合后，在协同萃取的作用下对溶液中铁具有较高的选择性，这说明在硫酸盐溶液中 N235-TBP 对 $Fe^{3+}$ 具有协同萃取效应。这种效应是由中性膦类萃取剂中磷酰氧具有较强的给体能力决定的。通常条件下，N235 与水相中的 $SO_4^{2-}$ 与 $H_2SO_4$ 作用生成相应的胺盐，而这些胺盐在稀释剂中的溶解度有限，以致生成第三相。在有机相中添加 TBP 可以减少硫酸胺盐的生成，从而有效地抑制第三相的产生。更为重要的是，在相同条件下与简单的 N235 体系相比，N235-TBP 混合体系中 $Fe^{3+}$ 的反萃率、铁锌分离系数及铁锰分离系数均要高得多。

# 第三章 萃取工艺

1969 年，第一个溶剂萃取工业应用在挪威 Xstrata Nikkelverk 公司投入生产，用于镍、钴分离。自 20 世纪 80 年代 C272 开始使用后，钴生产流程中溶剂萃取工艺逐渐流行。目前，许多钴工程均使用溶剂萃取技术除去杂质，有时会使用 3 或 4 次不同类型的萃取。南部非洲的部分工程使用溶剂萃取技术提取钴。

近年来，出现了一些新的萃取剂，包括 C301、C302，可同时萃取钴和镍，将杂质（锰、镁、钙）留下。C301 在 Vale 正在建设的 Goro 工程中使用，计划年产 5000 吨的碳酸钴。

萃取工艺包括：

（1）协同萃取工艺。协同萃取可以从含有多种杂质的溶液中直接萃取镍和钴，精简镍钴工艺流程，省去沉淀除杂、再溶解等中间工序。澳大利亚 CSIRO 已经研制了多种协同萃取剂，分别用于不同的用途。Baja Mining 公司在墨西哥开始的 EI Boleo 工程使用了从含锰溶液中一起分离钴锌的协同萃取剂。在印度尼西亚的 Rio Tinto 镍红土矿工程中使用了用于同时萃取镍钴的协同萃取剂。

（2）Bateman 脉冲式萃取塔。脉冲式萃取塔代替常规的混合—澄清萃取器，1966 年首次在澳大利亚 Olympic Dam 铀萃取中实现了工业应用。在脉冲式萃取塔中，可以保持一个理想的惰性氛围，可以防止萃取剂被破坏，因此萃取剂的使用将变得便利，比如 C301，非常容易被氧化分解为 C272，而且不可逆转。在 Goro 项目中就配置了 22 个萃取塔。

（3）铜萃取。钴溶液除铜萃取普遍使用 LIX 系列的萃取剂，其具有铜选择性好、铜铁分离系数高、反萃得到的硫酸铜溶液纯净、可直接用于电积生产标准阴极铜的优点，在非洲铜钴矿处理流程中得到广泛应用。主要使用的萃取剂包括 LIX64N、LIX984、LIX984N 等。国产萃取剂如 N902、DZ 系列具有类似效果。

（4）除杂萃取。使用 P204 从含钴溶液中除去锌、铅、钙、锰的工艺被普遍使用（如 Chambishi 和 Kasese），南非也使用 P204 除锰。

P204 萃取之前必须控制 $Fe^{3+}$，防止其使 P204 有机物中毒，有机相含铁高时需要使用高浓度硫酸或盐酸反洗。其他的难题则是钙容易在反萃段中形成硫酸钙沉淀。一些工程目前使用价格更贵的 C272 或其他具有等同性能的萃取剂取代 P204，以避免该问题的发生。

（5）镍钴分离。C272 通常用来从含镍溶液中分离钴，C272 的钴镍分离系数很高，在含镍高、含钴低的溶液中表现良好，可以避免在钴电积之前增加除镍的工序。该工艺的主要问题是需要使用钠基试剂（如氢氧化钠和碳酸钠）皂化，以控制萃取时的 pH 值，导致的结果是高含量的可溶性硫酸钠进入工厂外排废水中被送到尾矿坝。在今天看来，这是一个环境风险，因为尾矿坝需要昂贵的防腐衬里，并且需要增加昂贵的硫酸钠回收工艺，钠基试剂的替代物 $NH_4OH$ 也存在同样的问题。

（6）新萃取剂的使用。主要包括 C301、C302 等萃取剂，这些萃取剂可同时萃取镍（锌）、钴，将锰、镁、钙等杂质留在溶液中，实现简单的杂质去除。

C301 与 C272 相比，一个氧原子取代了一个硫原子，但是 C301 非常容易被氧化并分解为 C272，并且该过程不可逆。操作时要非常小心，确保溶液中不含有三价铁和铜，一旦这些元素被萃取，将无法反萃下来进而使有机相中毒。

（7）离心萃取。利用离心力作用的离心萃取器以其单位有效容积生产能力大、两相接触时间短、适应性强等特点得以应用。原料液与有机相在离心萃取器内接触并产生强烈的泰勒（Taylor）涡流，混合过程同时伴随两相间萃取传质过程，可在几秒至几十秒内完成。随后由于不互溶的两相存在密度上的差异，在离心力的作用下密度较小的相与密度较大的相分离。

与传统混合—澄清萃取器相比，离心萃取器在组织复杂工艺流程和工艺调整时，具有组合简单的优势，在工业生产过程中需要处理含有一定量固体和气体的体系时，离心萃取器显示了其独特优点。

# 第四章　离子交换工艺

离子交换是一个成熟的工艺，在一系列的填充床或塔中将特定的杂质元素从钴溶液中吸收到专门开发的树脂上。工艺过程的化学原理与溶剂萃取相同，不同的是，有机树脂固定在大孔聚苯乙烯固体基质上，定期洗脱和再生。

离子交换工艺包括：

（1）离子交换除杂。主要用于体积小、浓度高的电解液的除杂处理，主要除去锌、铜、镍、铁、铅、镉等。树脂制造商正设法提高树脂性能以降低成本，使用可循环洗涤的设备以降低树脂的槽存量，因此离子交换工艺仍将是钴生产工艺流程中的关键环节。

（2）树脂矿浆（RIP）技术。树脂矿浆技术类似于使用在黄金工业中的 CIP 技术，它是一种专门开发的树脂，取代活性炭，用类似于离子交换树脂的方式负载目标金属。RIP 用于从低浓度、部分净化的流体中提取钴，生产出高浓度、高纯度的溶液再用于离子交换或电积生产，该工艺替代了复杂的中间产品沉淀、再溶解的工序，同时将锰和镁最大程度地排出体系之外。与传统离子交换相比，使用 RIP 技术避免使用钠盐存在的不利的环境影响。

（3）分子识别技术（MRT）。分子识别技术类似于常规的离子交换技术，但是其使用专门制造的 SuperLig® 树脂，具有负载特定分子的能力。未来 MRT 技术可根据具体项目要求满足除去某单个的、难以除去的杂质的去除要求。该技术从20世纪90年代开始使用，在钴溶液净化方面取得了一些成功的经验，除去的杂质包括Fe、Ni、Cu、Cd、Pb、Zn。迄今为止，可用于从钴溶液中分离锰的树脂，由于树脂本身的价格和使用成本过高，在实施方面仍然存在障碍。

# 第五章 沉积工艺

## 第一节 化学沉淀生产盐类钴产品

目前有许多可用于沉淀的试剂，主要包括：NaHS或者$H_2S$用于生产高质量的硫化钴，$Ca(OH)_2$用于生产含有硫酸钙的低品位（小于20%）氢氧化钴，$Na_2CO_3$用于生产高品位（35% ~ 43%）的碳酸钴，NaOH用于生产高品位（40% ~45%）的氢氧化钴，MgO用于生产高品位的（最高可达45%）的氢氧化钴。

所有上面列出的中间产品，除了硫化钴外，均可作为钴电积流程的原料。从钴生产的现状看，处理硫化钴的工艺路线将会相对复杂并且风险较高，因为流程中将会产出有毒的$H_2S$，在产出和储存方面的危险和复杂性均较高，因此硫化钴处理并不是最佳选择。

值得注意的是，尽管使用钠基试剂是一个很流行的选择，但是它与溶剂萃取一样存在环境保护方面的问题。使用氧化镁得到越来越多的欢迎。目前已经进行了相当多的工作以优化现有的钴生产流程和正在新建的钴项目。使用氧化镁具有以下优势：更清洁，较使用石灰相比，使用量更少；具有一定的除锰效果（减少锰的沉淀）；硫酸镁溶解度大，与钠相比，可从最终外排的废水中用石灰沉淀下来，因此对于环境和尾矿坝没有影响。

氧化镁的品级对沉淀效果的影响显著。就算达到最好的反应效果，仍然有至少2%的氧化镁会进入钴产品中。

## 第二节　电积技术

在钴电积过程中，大部分杂质均会沉积到阴极上影响产品质量，要使电积过程受到的影响最小，就必须要获得高纯度的电解液。一些杂质，如铜，将会对电积过程产生灾难性的影响。电解的净化效果要根据离子交换的效果和电解残液成分确定。

硫酸盐体系的电积生产中，使用永久阴极电积技术的根本问题是钴在不锈钢阴极板上的沉积问题。随沉积时间的增加和其他因素的影响，沉积的钴板会突然从阴极板上自动剥离。为解决这一问题，使阴极钴板达到预期的厚度，赞比亚和刚果（金）的工厂使用的阴极板上去除了边条，因此钴沉积时可以围绕极板的边缘沉积，简单防止自动剥离现象。但是这一方法的缺点是手工劳动多，需要使用锤子和凿子将钴板从阴极板上剥离下来，也对阴极板造成机械伤害。

在 Vale 的 Port Colbourne 钴精炼厂，采用在阴极板上预先制作直径 1in(1in = 2. 54cm)的圆盘芯的方法。其制作工艺为：按照一定的排布规则，用丝网印刷的工艺，利用电介质产生的热量将环氧树脂固化到不锈钢阴极板上。生产时，钴仅沉积到阴极板上空白的部分。涂层每使用 8 ~ 10 个周期需要重新制作，芯的表面也要定期做喷砂处理。FalconBridge 工厂生产钴扣也采用了类似的方法。

在氯化盐介质的电解液中，使用钛板作为阴极板，使钴沉积在钛板上可以解决这一问题，在镍电积的工厂中多数使用这种方法。但是氯化电积工艺也带来了一些新的问题，比如腐蚀、氯气储存等。

## 一、隔室和非隔室电解

迄今为止，大多数硫酸钴溶液电积工厂均使用非隔室电解工艺，不像镍电积一样多数使用隔室电解。两者的不同之处在于：隔膜电解时，阳极和阴极被多孔膜或袋子隔离开，阻止酸浓度较高的电解残液（阳极液）向阴极区流动，避免阴极析出氢气。因为钴板沉积过程中可能会出现的自动剥离现象将会导致袋子或隔膜损坏，因此对于阳极袋或阴极袋并没有做过多的尝试。

## 二、EMEW 槽

EMEW 槽是一个管子形状，采用全封闭设计，溶液从电极表面高速流过。每一个管子的中心部位有一个阳极（约 $1m^2$），周围则是不锈钢阴极。与常规电解槽相比，EMEW 槽的潜在优势有：装配简单、可处理的溶液浓度范围大、电流密度高、全密封，无酸雾问题、无需使用隔膜袋、溶液含油影响不大、可生产钴粉，代替钴板，避免应力增大导致的自动剥离。

在德克萨斯州建立了一套用于镍电积的 EMEW 装置，在刚果（金）Shituru 和南非各建立了一套用于钴电积的 EMEW 装置。因为某些因素，两套钴电积的 EMEW 装置均未能成功运行，但是 EMEW 装置用于小规模钴电积的潜力仍然存在。

# 第六章　钴产品生产技术

钴产品生产技术包括：

（1）氢还原生产钴球。可在高压釜中使用氢还原技术生产金属钴粉或钴球，其投资和运行成本更低，金属回收率更高，易于操作和维护。

（2）结晶技术。通过蒸发结晶的工艺生产硫酸钴或氯化钴结晶，价值很高，但是对产品质量要求很高，而产品质量完全依赖于上游工序的净化程度。该生产技术的优势是不需要使用任何试剂，主要是能源消耗。生产过程是一个相当复杂的过程，需要严格控制并保持。

（3）羟基氧化钴（CoOOH）沉淀。镍比钴更难氧化，因此许多工厂都将钴氧化沉淀下来形成羟基氧化钴，使用的氧化剂有臭氧、卡罗酸（过氧硫酸 $H_2SO_5$）、过硫酸铵（$(NH_4)_2S_2O_8$）甚至是氯气。使用这些工艺需要充分考虑对环境和安全的影响，该工艺的主要问题是沉淀时的镍钴选择性较低。

(4) 氧化亚钴合成。以镍钴分离产出的含钴溶液为原料，经超微合成、造粒，进行低温直接干燥，再控制气氛分解，产出合乎电池材料要求的氧化亚钴。合成阶段超微控制，使产品的形态、粒度均匀可控。

(5) 钴粉生产。钴粉的粒度、形貌、晶体结构对超细硬质合金的性能具有很大影响，比利时 Umicore 分别采用氧化物还原法生产海绵状钴粉、草酸钴分解法生产条状钴粉、全湿法冶金法生产球形钴粉。

(6) 四氧化三钴制备。传统四氧化三钴制备工艺包括草酸钴分解、碱式碳酸钴热离解合成等。碱式碳酸钴热离解过程中通过局部规整生成四氧化三钴，使其对碱式碳酸钴前驱体具有良好的形貌继承性，从而实现对四氧化三钴产品形貌的有效控制。此外，直接使用钴溶液进行喷雾热解处理，直接产出四氧化三钴产品的工艺正在逐步得到应用。

第六篇

# 钴市场供需

## 第一章　国际市场

### 第一节　产　　量

根据钴发展协会（CDI）统计数据，2010 年 CDI 成员国的精炼钴产量高达 3.09 万吨（见表 6-1），其中出现明显增长的有 QNPL、OMG，其他会员的情况变化不大。非会员的精炼钴产量高达 4.55 万吨（见表 6-2），同比增长 31.5%，其中主要是中国的精炼钴产量大增 42%。而随着加丹加矿业在刚果（金）的扩产，其 2010 年的产量也出现了明显的增加，高达 3437 吨。

表 6-1　2006～2010 年 CDI 会员精炼钴钴金属产量（吨）

| 会　员 | 2006 年 | 2007 年 | 2008 年 | 2009 年 | 2010 年 |
|---|---|---|---|---|---|
| BHPB/QNPL（澳大利亚）① | 1600 | 1800 | 1600 | 1700 | 2141 |
| CTT（摩洛哥） | 1405 | 1591 | 1711 | 1600 | 1545 |
| Eramet（法国） | 256 | 305 | 311 | 368 | 302 |

续表 6-1

| 会　员 | 2006 年 | 2007 年 | 2008 年 | 2009 年 | 2010 年 |
|---|---|---|---|---|---|
| Gecamines(刚果(金))② | 550 | 606 | 300 | 415 | 745 |
| ICCI（加拿大） | 3312 | 3573 | 3428 | 3721 | 3706 |
| OMG（芬兰） | 8580 | 9100 | 8950 | 8850 | 9299 |
| Sumitomo（日本） | 920 | 1084 | 1071 | 1332 | 517 |
| Umicore（比利时）③ | 2840 | 2825 | 3020 | 2150 | 1935 |
| Vale Inco（加拿大） | 1711 | 2031 | 2200 | 1193 | 940 |
| Xstrata（挪威） | 4927 | 3939 | 3719 | 3510 | 3208 |
| Chambishi Metals（赞比亚） | 3227 | 2635 | 2591 | 235 | 3934 |
| 总　计 | 29328 | 29491 | 28901 | 25074 | 30872 |

注：资料来源于 CDI。

① 2009 年 BHPB700 吨、QNPL1000 吨；2010 年为 QNPL 产量；

② 2008 年为估计数量；

③ 包括 Umicore's Chinese production。

## 表 6-2　2006～2010 年 CDI 非会员的精炼钴钴金属产量

（吨）

| 非会员公司 | 2006 年 | 2007 年 | 2008 年 | 2009 年 | 2010 年 |
|---|---|---|---|---|---|
| 中　国① | 12700 | 13245 | 18239 | 23138 | 32930 |
| 印　度② | 1184 | 980 | 858 | 1001 | 670 |
| 加丹加矿业 | — | — | 749 | 2535 | 3437 |
| Kasese（乌干达） | 674 | 698 | 663 | 673 | 624 |
| Minara（澳大利亚） | 2096 | 1884 | 2018 | 2350 | 1976 |

续表 6-2

| 非会员公司 | 2006 年 | 2007 年 | 2008 年 | 2009 年 | 2010 年 |
|---|---|---|---|---|---|
| Mopani Copper（赞比亚）③ | 1438 | 1700 | 1250 | 1300 | 1200 |
| Norilsk（俄罗斯）④ | 4759 | 3587 | 2502 | 2352 | 2460 |
| 南　非 | 257 | 307 | 250 | 236 | 833 |
| Votorantim（巴西） | 902 | 1148 | 994 | 1012 | 1369 |
| 总　计 | 24010 | 23549 | 27717 | 34597 | 45499 |
| DLA 交货 | 294 | 617 | 203 | 180 | -8 |
| 非会员总计 | 24304 | 24166 | 27920 | 34777 | 45491 |

注：资料来源于 CDI。

① 不含 Umicore production；

② 2009 年之前的产量包含 Rubamin；

③ 估计产量；

④ 2009 年诺里尔斯克成为非 CDI 会员。

2011 年上半年世界精炼钴钴金属产量见表 6-3。

**表 6-3　2011 年上半年世界精炼钴钴金属产量**　（吨）

| 项　目 | 2006 年 | 2007 年 | 2008 年 | 2009 年 | 2010 年 |
|---|---|---|---|---|---|
| CDI 会员 | 29328 | 29491 | 28901 | 25074 | 30872 |
| 非会员 | 24304 | 24166 | 27920 | 34777 | 45491 |
| 总　计 | 53632 | 53657 | 56821 | 59851 | 76363 |

注：资料来源于 CDI。

2006～2010 年世界主要的精炼钴生产厂家的产量见表 6-4。

**表 6-4 2006~2010 年主要钴生产企业产量** （吨）

| 企 业 | 2006 年 | 2007 年 | 2008 年 | 2009 年 | 2010 年 |
|---|---|---|---|---|---|
| BHP Billiton（澳大利亚） | 1900 | 1800 | 1600 | 1700 | 2141 |
| Chambishi Metals（赞比亚） | 3227 | 2635 | 2591 | 235 | 3934 |
| CTT（摩洛哥） | 1405 | 1591 | 1711 | 1600 | 1545 |
| Vale Inco（加拿大） | 1711 | 2031 | 2200 | 1193 | 940 |
| Eramet（法国） | 256 | 305 | 311 | 368 | 302 |
| ICCI（加拿大） | 3312 | 3573 | 3428 | 3721 | 3706 |
| Norilsk（俄罗斯） | 4759 | 3587 | 2502 | 2352 | 2460 |
| OMG（芬兰） | 8580 | 9100 | 8950 | 8850 | 9299 |
| Sumitomo（日本） | 920 | 1084 | 1071 | 1332 | 1935 |
| Umicore（比利时） | 2840 | 2825 | 3020 | 2150 | 2600 |
| Xstrata（挪威） | 4927 | 3939 | 3719 | 3510 | 3208 |
| Katanga(刚果(金)) | — | — | 749 | 2535 | 3437 |
| Kasese（乌干达） | 674 | 698 | 663 | 673 | 624 |
| Minara（澳大利亚） | 2096 | 1884 | 2018 | 2350 | 1976 |
| Mopani Copper（赞比亚） | 1438 | 1700 | 1250 | 1300 | 1200 |
| Votorantim（巴西） | 902 | 1148 | 994 | 1012 | 1369 |
| 金川（中国） | 4500 | 4800 | 5200 | 5802 | 6200 |

注：资料来源于 CDI、安泰科。

世界上大型钴企业的金属钴产量占其总金属量的 50%以上。但国内和国外企业采用的冶炼方法不尽相同。国外一般采用火法冶炼，主要产品以金属钴为主，而中国企业大多采用湿法冶炼，产品为各种钴化学品和金属钴。多年的生产实践表明，中国企业打破了国际上钴化学品生产必须使用金属钴为原料的惯例，探索出了一条使用钴精矿直接生产钴化学品的更为经济的技术路线，为世界钴行业的技术进步作出了贡献。

## 第二节　消　　费

2006～2010年间全球钴消费量总体保持良好的增长态势。2008年底至2009年，全球遭受金融危机，钴消费量曾一度出现下滑。在各国政府的努力下，2010年全球经济开始逐渐恢复，钴的消费量达到6.2万吨。

2010年全球钴消费量中，高温合金占20.00%，钴化学品占48.08%，催化剂占9.66%，硬质合金占13.78%，磁性材料占4.75%，其他占3.72%（见图6-1）。

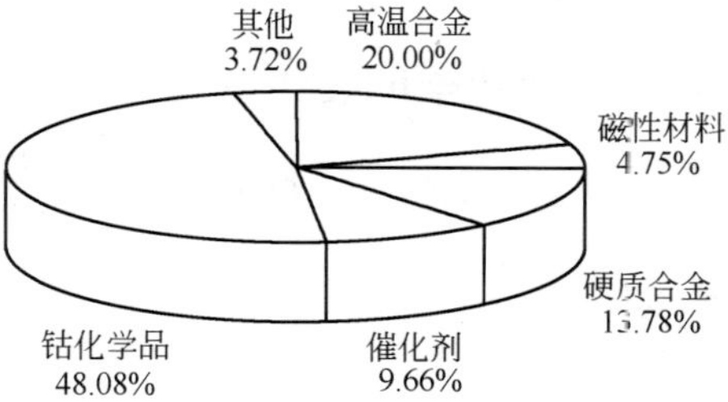


图6-1　2010年世界钴市场消费结构

（数据来源于CDI）

### 一、电池

自2006年以来，电池一直为全球最大的钴消费领域。2010年电池行业用钴达2万吨，占全球钴消费量的

32.79%。

钴在电池领域的大量应用主要归因于锂离子电池的发展。锂离子电池作为替代传统镍镉、铅酸电池的新型绿色环保产品，具有不含汞、镉等污染物质，使用寿命长，能量充足等优势。由于附加值较高，利润丰厚，其产业规模发展势头迅猛。全球锂电池产量过去15~17年一直保持平均10%~20%的增长速度，目前二次锂离子电池除广泛用于手机、笔记本电脑以及数码相机等电子产品外，在电动汽车、储能电池等一些大功率电池方面也已经开始使用。

锂离子电池的核心是正极材料，正极材料市场可以细分为钴酸锂、三元材料、锰酸锂和磷酸铁锂。其中钴酸锂（LCO）最早实现商业化应用，技术发展至今已经比较成熟，并已广泛应用在小型低功率的便携式电子产品上，但是近年来三元材料发展迅猛，大有后来者居上的趋势。

## 二、高温合金

高温合金用钴的比例从2006年的22%下降到2009年的19.2%左右。钴在高温合金中的消费主要是生产镍基、钴基、铁基合金，使用形式是金属钴，且目前只有Norilsk、鹰桥、金川等为数不多的品牌金属钴才能在高温合金领域中使用。受到美国“9·11”事件的影响，从2000年后的五年中高温合金行业用钴量呈明显下降的趋势，但是从2005年下半年开始出现转机。随着全球航空工业蓬勃发展，刺激高温合金领域的钴需求旺盛，2006 年其比例重新回到 22%。受 2008 年国际金融危机的影响，其消费占比再次下滑到 19%，2010 年恢复到 20%。2010 年的高温合金用钴大约为 1.2 万吨。

高温合金的用量将随着航天航空技术的发展而稳步增加。随着航天航空技术及世界经济的一体化发展，预计未来 20 年间，全球共需干线飞机 2.7 万多架，其中 1.7 万多架用于新增运力的需求，1 万架用于替换退役飞机；全球共需支线飞机 6800 架，其中 3800 架用于运力增长的需求，3000 架用于替换退役飞机。预计 2008 ~ 2027 年间世界大中型喷气飞机（大于 100 座）需求量将超过 2.7 万架，到 2027 年底，全世界将有超过 3.1 万架的大中型喷气客机在航线上运营。

由此可见，未来 20 年的欧美市场上，高温合金依旧是金属钴最大的应用领域。

## 三、硬质合金

硬质合金是以高硬度难熔金属的碳化物（WC、TiC）微米级粉末为主要成分，以钴（Co）或镍（Ni）、钼（Mo）为黏结剂，在真空炉或氢气还原炉中烧结而成的粉末冶金制品。硬质合金具有很高的硬度和耐磨性，用作切削工具、高压工具和采矿与筑路工程机械，硬质合金工业的发展是钴消费领域中重要的组成部分。

2006 ~ 2008 年硬质合金用钴量呈现逐年增长的走势，

2008年用钴达到8860吨。因受国际金融危机影响，2009年该行业用钴量缩减到7637吨，随着经济的复苏，2010年该行业用钴量约为8560吨。

美国、日本和中国是主要的硬质合金生产国。中国硬质合金产量已经快速增长到2万吨，接近世界硬质合金产量的1/3。从生产规模和生产量看，中国是世界名副其实的第一生产大国。中国的硬质合金28%用于生产耐磨件，22%用于生产切削工具，20%用于生产矿山工具。中国硬质合金年用钴量在1800~2200吨。美国的硬质合金多数用于机加工、采矿、石油天然气钻井、建筑行业的切削耐磨件。日本硬质合金74%用于制造切削工具，23%用于生产耐磨件。

## 四、催化剂

钴在催化剂行业中的应用比较杂，使用形式为金属钴和与其他金属的合金。主要是在加氢提炼、临氢重整法等工艺中使用。全球催化剂行业的钴用量大约为6000吨，多数是用于氧化（3000吨）和加氢工艺（1500吨）。2008~2009年的金融危机导致石油价格大起大落，也造成催化剂用钴的减少，2010年该行业用钴量恢复到6000吨。

## 五、陶瓷色釉料

陶瓷色釉料是一个传统的钴消费行业，钴的使用形式90%是氧化钴，10%是碳酸钴或硫酸钴。世界上超过1/3的陶瓷产量来自中国。从世界范围来看，陶瓷色釉料行业的发展比较平稳，年均增速约3.5%。2010年该行业用钴量约为5400吨。

### 六、其他

磁性材料行业使用的是金属钴。中国稀土资源丰富，在磁性材料市场上占有绝对的优势，2000~2005年期间中国的市场份额年均增长14%。但是铝镍钴和钐钴磁性材料的市场份额逐步被铁氧体和钕铁硼取代，导致铝镍钴的产量每年下降3.5%，尤其是在日本、欧洲和美国市场上。2010年全球磁性材料行业用钴量约2950吨。

羧酸钴、环烷酸钴、癸酸钴用作油漆催干剂和轮胎黏合剂。油漆催干剂的主要市场在北美、欧洲和亚太地区，另外拉美、东欧和中非各占5%~8%。轮胎黏合剂市场主要在中国和日本，欧洲、美国和其他地区分别占8%~10%。钴催干剂占整个干燥剂市场的40%~50%，中国市场的增长率为9%~10%，欧洲和北美增长率为3%~4%。2010年在催干剂、黏合剂领域用钴量维持在4100吨左右。

# 第二章　国内市场

## 第一节　产　　量

中国的钴资源非常贫瘠，每年自产矿石的钴金属量只有1500吨左右，因此中国钴原料进口依赖度在90%以上。中国进口的钴原料主要是钴精矿、湿法冶炼中间品和白合金。

国内自产精矿主要是金川自产镍矿的副产品。陕西、新疆、四川、海南等地有少量的钴矿产量。2010年国内自产精矿的钴金属量大约为1500吨。

进口的钴精矿一直是中国钴市场原料最重要的部分。2010年，中国进口的钴精矿数量高达35万吨，折合金属量为2.1万吨，与前几年相比明显增加。钴精矿进口大幅增加，一方面是因为中国钴冶炼产能扩大，另一方面是因为刚果（金）项目的陆续投产导致其出口也在增加。

进口湿法冶炼中间品一直是进口钴精矿很好的补充，但是受制于国外产量，2006年之前的进口量很少。随着国外一些钴项目的投产、扩产和刚果（金）原矿屡次传出被禁出口的说法，进口湿法冶炼中间品的数量也逐渐增加。2010年进口湿法冶炼中间品折合钴金属量已近9000吨，是2008年的3倍。同样的原因，中国进口白合金的数量逐渐增加，2010年进口白合金折合钴金属量为2570吨，比2008年增长了58%。

国内规模不等的钴冶炼厂不下50家，保守估计国内钴冶炼产能在5万吨左右。因市场原因，很多小企业主要做一些加工业务。

## 一、金属钴

国内具有一定规模的金属钴生产商主要有金川、凯力克和烟台凯实三家。

2010 年 2 月 LME 钴期货推出，增加了金属钴的金融属性和流动性，也大大激发了国内生产厂家生产金属钴的热情，赣州逸豪优美科、四川尼科国润、南通新玮纷纷投资建设金属钴生产线，2010 年国内金属钴产量约 7600 吨。

## 二、钴粉

国内生产金属钴粉的企业约 10 家，合计产能在 4000 吨左右，实际年产量约为 3000 吨。由于中国 2006 年取消了钴粉的出口退税，中国钴粉生产商具有的价格优势不再存在，因此中国钴粉生产企业的目标市场在国内，也有一部分钴粉生产企业主要是做来料或进料加工。

中国产业结构调整为硬质合金行业的发展提供了良好机遇，特别是机械、飞机、汽车、电子、建筑等产业的快速发展，促使我国一跃成为了世界上最大的硬质合金生产国。随着硬质合金行业的发展，钴粉的需求也呈现增长态势。

## 三、四氧化三钴

2003 年以前，中国基本不能生产四氧化三钴，主要靠进口。2003 年开始，金川公司、赣州钨钴公司（原名 801 厂）开始规模生产四氧化三钴。其后随着中国锂离子电池产品的发展，生产四氧化三钴的企业也在逐渐增加，主要有浙江华友、江苏凯力克等。此后北京当升、湖南瑞翔、天津巴莫、湖南杉杉等钴酸锂厂家也逐步开始自产四氧化三钴。因此，中国四氧化三钴产量呈现逐年增长的走势，2010 年的产量达到 1.3 万吨钴金属量。随着中国钴厂家的产品逐渐向下游延伸和钴酸锂产能的扩大，预计未来四氧化三钴的产量将继续增加，但是三元材料等低钴含量的正极材料的涌现，可能会替代部分四氧化三钴市场。

## 四、氧化钴

氧化钴主要用作颜料，包括在玻璃、陶瓷制品中作为装饰用颜料。在陶瓷色釉料中，钴系色釉料仅次于铁系、铬系、钛系、锰系，居第五位，其主色调为蓝色，大量应用于陶瓷坯、釉和花纸等产品中。中国是世界上规模最大的陶瓷生产国，其中既包括建筑卫生陶瓷领域，也包括日用陶瓷、工艺美术陶瓷和部分工业陶瓷领域。

钴蓝是一种很古老的颜料，中国古代最早用天然氧化钴作为陶瓷坯和釉中的色素，呈不同色调的蓝色和蓝绿色，而古代的希腊人和罗马人则最早将氧化钴用于玻璃的着色，呈天蓝色调。钴蓝的主要化学成分是 $CoO \cdot Al_2O_4$，或称为铝酸钴($CoAl_2O_4$)。陶瓷用钴紫颜料采用干法制成，化学式为 $Co_3(PO_4)_2$，呈蓝相紫色。此外，如以部分锂化合物替代钴化合物可制成磷酸锂钴($CoLiPO_4$)紫色颜料。

钴黑主要有铁钴黑，其基本化学式为$(Fe, Co)Fe_2O_4$，是尖晶石型晶体结构，主要用于陶瓷坯体的着色，其着色机理属于金属混相着色；还有铁钴铬黑，其基本化学式为

(Co, Fe)(Fe, Cr)$_2$O$_4$，主要用于陶瓷釉料的着色，属于金属混相着色。

中国生产氧化钴的企业主要有华友、嘉利珂、慈溪飞兰、雁门化工和广州金泰阁等。2010 年总产量折合金属量约 2390 吨，近年来增长速度有所放缓。

## 五、氢氧化钴

氢氧化钴主要作为有机钴盐（癸酸钴、环烷酸钴等）的原料，用于生产橡胶轮胎黏合剂、油漆催干剂等。早在 20 世纪 60 年代末和 70 年代初，有机钴盐作为橡胶与金属黏合促进剂就已得到广泛应用。到 70 年代中期，由于子午线轮胎的开发和生产，进一步促进了有机钴盐技术的发展。目前，世界上绝大多数子午线轮胎生产企业都利用钴盐对镀铜钢丝帘线与橡胶之间的黏合力起促进作用，以提高轮胎产品的质量。随着人们对橡胶与镀铜钢丝帘线之间黏合机理认识的深入，钴盐中金属钴的含量也越来越高，有机基团和配合剂也在不断得到改进，钴盐出现了许多新品种。

国内有机钴盐主要分布在山东和东北一带，但大多数企业以小作坊的形式存在，形成规模的屈指可数。为了节约成本，很多都以氯化钴或硫酸钴为原料，并且很多都是自己回收废料自己生产，这种现象在山东淄博一带尤其明显。正因为很多国产有机钴盐产品水平不高、质量不稳定，也不可能和国外同类产品抗衡，至今国内有机钴盐进口数量仍占到有机钴盐需求量的 60% 以上。随着国内企业环保压力的增大及市场对产品质量要求的提高，小作坊式的有机钴盐生产企业必将被淘汰。2009 年以前中国氢氧化钴产量大约为 200 吨，2010 年达到 400 吨钴金属量。

## 第二节　消　　费

中国市场钴的消费量从 2006 年的 1.22 万吨增加至 2010 年的 2.1 万吨，年均复合增长率达 12.7%。从 2010 年国内市场的消费结构（见图 6-2）看，电池用钴的份额有所提高，达到 63%，其他几个行业基本变化不大，硬质合金占 11%，磁性材料占 7%，石化（催化剂）行业占 6%，玻陶行业占 7%，还有一些钴用于其他合金、干燥剂、触媒、饲料等。

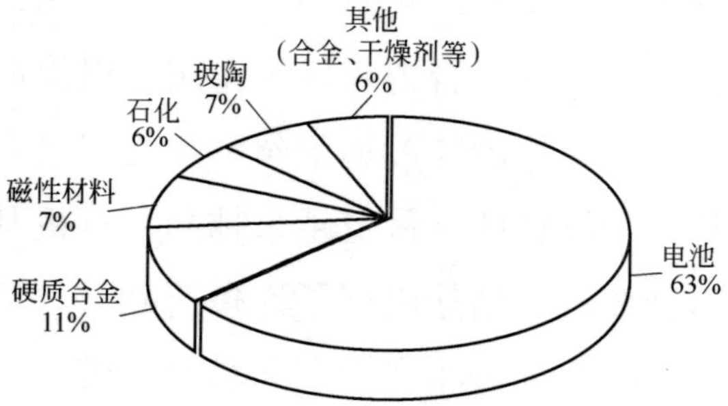


图 6-2　2010 年中国钴市场消费结构

（数据来源于安泰科）

### 一、电池

钴在电池领域的大量应用主要归因于锂离子电池的发

展。2006～2010 年期间，中国精炼钴消费量的年均增速接近 14.5%，其中增长最快的就是电池行业，年均增速高达 24.8%。随着 3G 的推广和笔记本电脑、上网本、各种便携式娱乐产品在居民家庭的普及，无疑将进一步增加锂离子电池的需求量。目前中国锂离子电池正极材料钴酸锂的产能已超过 2 万吨，随着中国的手机、笔记本电脑等便携式电器的发展，钴酸锂市场有望进一步扩大。

月租费以及手机价格的下降、手机运营商的努力都推动了手机普及率不断增长。仅国内手机市场就以每年 6000 多万户的速度在增长，2007 年中国的手机用户数量为 5.4 亿，到 2010 年已逾 8 亿，超过了 10 多年前全球手机用户的总和。随着手机、笔记本电脑和数码相机等电子产品的更新换代，市场对锂离子电池的需求呈现稳定增长的态势。2010 年中国生产的锂离子电池已经高达 20 亿只，同比增长 17.5%（见表 6-5）。2010 年中国电池材料行业用钴量大约为 1.33 万吨，同比增幅高达 26.8%。

**表 6-5　2006～2010 年中国主要锂离子电池消费行业产量**

| 消费领域 | 单位 | 2006 年 | 2007 年 | 2008 年 | 2009 年 | 2010 年 | 年均递增 |
|---|---|---|---|---|---|---|---|
| 手机用户 | 亿户 | 4.61 | 5.471 | 6.4 | 7.26 | 9.98 | 21.3% |
| 笔记本计算机产量 | 万台 | 5725 | 8673 | 10859 | 15072 | 23425 | 42.2% |
| 数码相机产量 | 万架 | 6695 | 7453 | 8188 | 8026 | 9129 | 8.1% |
| 锂离子电池产量 | 亿只 | 10.5 | 13.5 | 19.1 | 18.8 | 20 | 17.5% |

注：资料来源于《中国经济景气月报》。

目前传统便携式电器中使用的正极材料主要是钴酸锂，但是为了降低成本，偶在手机中使用的钴酸锂掺杂三元材料、锰酸锂等做法，现在已经被日本、韩国等电池企业广泛使用，且掺杂比例日益理论化、科学化。此外未来在新能源动力交通工具上最有可能大规模使用的电池就是三元材料为正极的锂离子电池。因此未来除了传统的钴酸锂电池产量保持平稳增长以外，三元锂离子电池可能面临爆发式的增长机会。

## 二、硬质合金

根据中国硬质合金协会统计数据，2008 年中国硬质合金产量大约为 1.65 万吨，2009 年硬质合金生产整体情况和 2008 年持平，因此用钴量也基本相同，为 1900 吨。2010 年硬质合金产量实现同比增长 20%，约 1.98 万吨，全年用钴约为 2200 吨。

迄今为止，中国政府已经采取了一系列措施应对国际金融危机的影响，“十二五”期间将继续加快推进经济发展方式转变，鼓励出口深加工、高附加值产品。因此硬质合金行业将随着汽车行业、建筑行业、采矿业以及机械加工制造业的发展而增长，尤其是中国企业开发出来的高端硬质合金将继续保持稳定增长的态势，这将有利于硬质合金行业钴用量的增加。

## 三、磁性材料

全球磁性材料的生产主要集中在亚洲。日本以高档磁体为主体，中国以中低档磁体为主体，并占有部分的高档产品市场。其他东南亚国家占有部分中低档产品市场。

中国具有良好的整机配套市场和投资环境，加速了日本、欧美的铁氧体磁体制造业向中国转移。中国目前拥有磁性材料生产企业1096家，其中铁氧体生产企业359家，稀土磁体和金属磁体生产企业226家，其余为配套设备生产企业和辅助原料生产企业。永磁铁氧体生产企业197家，产量为41万吨（烧结磁体36万吨，黏结磁体5万吨），软磁铁氧体生产企业162家，产量为30万吨（锰锌26万吨、镍锌和镁锌4万吨），钕铁硼磁体产量为4万吨，铝镍钴金属磁体产量为0.35万吨。含钴的磁性材料包括钕铁硼、铝镍钴和钐钴。其中根据工艺的不同，铝镍钴又分为铸造铝镍钴和烧结铝镍钴两种，铸造铝镍钴产品主要应用于汽车零件、仪器仪表、电机以及航天航空军用等领域，具有温度系数低、耐高温、耐潮湿、不易氧化以及工作稳定性好等优点。烧结铝镍钴的所有材料与铸造铝镍钴完全相同，它采用粉末冶金的方法生产而成，适合于生产形状复杂、轻、薄、小的产品，广泛应用于仪器仪表、通信、磁电开关及各种传感器。但是目前中国市场上铝镍钴用钴多采用废料，仅在高端产品或者钴价非常低廉时才增加原生钴的用量，因此对原生钴的需求量并不大。此外，还有一些软磁产品对氧化钴有一定需求，这部分软磁材料主要用于汽车、电脑、电视机、高压电线等。2010年软磁用钴的数量有明显增长，主要原因是与家电下乡、扩大需求的政策有关系。目前中国磁性材料市场上对钴的需求约 1300 吨，随着产量的增长，金属钴在该领域的用量也将呈现良好的增长态势。

## 四、玻陶行业

作为国内传统的钴消费领域，玻陶行业的发展比较稳定，尤其是近年来国内房地产市场空前繁荣，居民生活水平逐步提高，对高档陶瓷制品的需求保证了陶瓷用氧化钴的消费量逐年增加。2010 年陶瓷行业用钴基本不变，玻璃行业用钴有所减量，搪瓷用钴略有增加。玻璃减量是与蓝玻需求量减少、灰玻需求量增加有关。2010 年玻陶行业钴消费量为 1500 吨。

## 五、石化行业

石化行业主要是含钴催化剂的应用，包括 PTA（精对苯二甲酸）生产和炼油。

用于生产 PTA 聚酯切片的催化剂主要是醋酸钴。近年来中国聚酯行业发展迅猛，随着 2009 年和 2010 年石化行业 PTA 产量的增长，使用醋酸钴的数量也相应增长。2010 年醋酸钴的消费量在 900 吨金属量左右。

Co-Mo 型催化剂是国内外普遍使用的一类炼油加氢催化剂，钼为主金属，钴为助剂金属。2010 年含钴催化剂的用量为 200～300 吨金属量。

目前，除 Shell、Sasol-Chevron 外，国内外许多公司在 F-T（Fischer-Tropsch synthesis）合成研究和工业化方面存在技术缺口。现代 F-T 合成技术大多采用钴催化剂，一般适合制备 F-T 合成催化剂的钴盐是硝酸钴、碳酸钴和有机钴盐等。预计到 2015 年日产原油将达到 100 万～200 万桶，届时金属钴的消费量将达到 2000～8000 吨。

含钴催化剂在 F-T 合成领域具有重要的地位，随着 F-T 技术的逐步成熟和推广应用，未来将成为钴的一个新兴应用领域之一。

## 六、其他

目前国内高温合金主要有镍基、铁基、钴基三类，铁基、钴基的量相对较少。一般情况下镍基高温合金的使用温度在 700℃左右，个别性能较好的在 1000℃左右；钴基高温合金的使用温度在 1000℃以上，但是钴基高温合金的变形相对困难，加工难度大且成本较高，国内仍以镍基高温合金为主，钴基较少。

2010 年中国高温合金行业钴用量约为 500 吨，其中民品领域的增速较快。高温合金在民品的应用领域主要是在石油化工。但是国内中石化、中石油等主要采购国外的产品，该市场主要被日本、美国、法国三个国家占据。如果未来国内的高温合金产品质量有所突破的话，将会对高温合金在民用领域的应用有一个质的飞跃。总的来说，民用领域的应用前景非常乐观。

此外，特钢企业在生产一些牌号的高速工具钢的过程中，需要加金属钴以提高钢材的综合力学性能，高速工具钢涉及的14个牌号中有6种钴含量高达5%～8%等。目前特钢行业年用金属钴大约为700吨。

中国作为人造金刚石生产大国已多年位居世界第一，中国产量占全球产量的60%～70%。国内金刚石行业2002年以前主要用片状触媒合金，年用量约3000吨，粉末法合成人造金刚石比片状合成相同体积的金刚石产量和质量可大幅度提高，材料消耗大幅度降低，全部用粉末材料，其触媒合金粉末使用量只需1200吨左右。生产金刚石触媒的厂家多集中在石家庄、福建、广东一带。但前几年钴价高涨，导致成本增加，促使福建一带的生产企业用铁基替代钴基产品，而且已被下游低端客户接受，因此对钴的需求量有所减少。估计2010年该行业的钴用量只有150吨，且未来用量呈现减少的趋势。

## 第三节 进出口贸易

### 一、钴原料

中国钴原料结构见表6-6。

国内自产精矿主要是金川自产镍矿的副产品，陕西、新疆、四川、海南等地也有少量的钴矿生产。

**表 6-6 2006～2010 年中国钴原料结构**（金属量）（吨）

| 钴 原 料 | 2006 年 | 2007 年 | 2008 年 | 2009 年 | 2010 年 |
|---|---|---|---|---|---|
| 自产精矿 | 982 | 1160 | 1200 | 1400 | 1500 |
| 进口钴精矿 | 11791 | 7443 | 15314 | 16977 | 20973 |
| 进口白合金 | 770 | 920 | 1622 | 1796 | 2568 |
| 进口湿法冶炼中间品 | 1584 | 2726 | 2335 | 3871 | 8888 |
| 进口镍原料带入钴 | 1000 | 1000 | 1200 | 1500 | 2000 |
| 国内原生钴产量 | 13249 | 13249 | 21671 | 25544 | 35929 |

注：数据来源于中国海关，安泰科。

进口的钴精矿一直是中国钴市场原料最重要的部分。由于中国缺乏钴资源，而国外的钴资源多集中在非洲的刚果(金)、赞比亚等政局和运输都很不稳定的国家，原料的供应得不到保证。因此，当刚果（金）的矿石出口出现任何“风吹草动”的时候，中国的钴生产商便会增加矿石进口的力度。另外，一些中国的生产商增加进口数量，也是为了扩张市场份额，获取更大的利益。在这两方面因素的驱使下，近几年的钴精矿进口呈现逐步放大的态势。

进口湿法冶炼中间品和白合金一直是进口钴矿很好的补充，但是由于受国外产量有限的影响，2006 年之前的进口量一直不大。但随着一些国外钴项目的投产和扩产以及刚果（金）原矿屡次传出被禁出口的影响，进口湿法冶炼中间品和白合金的数量也逐渐增加。

估计未来中国大量进口钴精矿加工成钴盐的局面可能会逐

步扭转成进口钴冶炼中间产品或者白合金来作为原料。此外，如果在刚果（金）投资的一些国际矿业公司逐步提高金属钴产量的话，再次回到以金属钴为原料的时代也不是没有可能。

## 二、金属钴

2006～2007 年，金属钴的进口稳定在 1000～2000 吨。2008 年由于国际钴价暴涨暴跌，国内消费商多从国内采购，因此进口数量锐减至 720 吨。2009 年由于国际国内钴价倒挂，尤其是钴矿价格甚至高于金属钴价格，因此国内的一些生产商进口金属钴代替钴矿作原料来加工钴盐产品，这导致 2009 年金属钴进口量剧增至 4633 吨。此外，一些贸易商出于投机的目的，也使 2009 年进口金属钴数量剧增。2010 年，随着国际国内价差的缩减，这种吸引力也逐步缩小，因此进口金属钴的数量有所减少，但国际市场上有些低品位钴的价格仍具有一定优势，全年进口量仍达 4065 吨。

从 2006～2009 年的出口量来看，中国金属钴的出口基本稳定在 2500 吨左右，2010 年增加到 3334 吨。但随着国内金属钴产量的逐步增大，在国际市场需求保持稳定增长的前提下，未来金属钴的出口必将逐年增加。

## 三、钴粉

自 2006 年中国取消钴粉的出口退税后，钴粉出口量逐年下降，从 2006 年的 785 吨降至 2008 年的 157 吨，加之 2008 年下半年到 2009 年国际钴价低于国内钴价，更加抑制了钴粉的出口。2010 年随着钴价的回升以及国际需求的复苏，钴粉出口恢复到 596 吨的水平。

## 四、四氧化三钴

四氧化三钴是中国钴消费领域市场份额最大的钴产品之一。从几乎全部进口到现在的全部国产，中国的四氧化三钴产能不断扩大，在满足国内电池厂家需求的基础上，出口量也逐年增加。2006 ~ 2008 年，中国四氧化三钴的出口量从 237 吨增至 2220 吨，而进口量逐渐下降。2009 年受国际金融危机的影响，国外需求大幅缩减，因此中国的四氧化三钴出口骤降至 1464 吨。2010 年，随着国内外经济形势的好转，四氧化三钴的出口量大幅增加，恢复到 3164 吨，超过了金融危机之前的水平。

为了支持锂离子电池行业的发展，中国政府于 2004 年初将钴酸锂进口关税由 5. 5% 下调到了 2%，将手机用锂离子电池关税从 12% 下调到了 9%。钴酸锂、四氧化三钴的出口退税均为 13%，草酸钴的出口退税为 9%，锂离子电池的出口退税为 17%（见表 6-7）。

**表 6-7 中国四氧化三钴及下游产品关税、退税一览表**

| 税则号 | 产 品 | 进口关税税率/% | 出口退税税率/% |
|---|---|---|---|
| 28220010 | 四氧化三钴 | 5. 5 | 13 |
| 2841900001 | 钴酸锂 | 2 | 13 |
| 85078020 | 锂离子电池 | 9 | 17 |

注：资料来源于中国海关。

由于中国主要厂家生产的四氧化三钴质量比较好、价格具备优势，日韩企业也逐渐加大了对中国四氧化三钴的采购量，预计未来中国四氧化三钴的出口将继续保持增长势头。

# 第七篇

# 产业资本与资本运营

## 第一章　钴的现货、期货交易现状

现货市场中钴价波动历来比较大，价格经常出现暴涨暴跌。目前钴市场主要依据《金属导报》(MB) 报价，但越来越多的业内人士指责 MB 价格是 MB 自己采集的厂商和贸易商的报价，而并非实际成交价格，其报价容易被大的生产商和贸易商左右。

为了避免 MB 报价对市场的负面影响，伦敦金属交易所 (LME) 从 2010 年 2 月 22 日开始推出钴期货。该交易所交割的钴产品含钴量要求至少在 99.3% 及以上，可以是阴极钴、钴锭、钴圆片；交易单位为 1 吨/手，交割单位是 100 ~ 500 千克/桶，报价单位为“美元/手”；交易方式包括场内交易、Select 电子盘交易和办公室间电话交易，场内交易在每个交易日的 12：20 进行；现货的最小变动价格为 0.01 美元，3 个月期的最小变动价格为 0.25 美元；3 个月期合约每个交易日都可以交割，6 个月期合约每周交割，15 个月期合约每月交割；交割地点包括鹿特丹、巴尔的摩、新加坡及安特卫普。

LME推出钴的期货期望提供更透明的价格机制，对冲交易可以让客户规避风险。因为有仓储，因此交易有保障。目前，已经有5家中国公司的金属钴在LME注册。期货市场的每日无负债结算制度，对中国企业的规范经营提出了高的要求。每日无负债结算制度是指每日交易结束后，交易所按当日各合约结算价结算所有合约的盈亏、交易保证金、手续费、税金等费用，对应收、应付的款项实行净额一次划转，相应增加或减少会员的结算准备金。经纪会员负责按同样的方法对客户进行结算。这样，在钴现货市场中的毁约现象就不可能在期货市场中出现。同时，期货中的“具备交割条件”、“标准化合约”，对中国企业产品品质的提升提出了更高的要求。

钴期货的推出，有利于拓展贸易渠道，规避价格风险；有利于建立信用机制和定价机制，使钴的交易更加透明。但是目前LME报价主要还是跟随MB报价的走势，真正起到引导市场的作用还有待时日。

国内的上海金属交易所还未推出钴的交易，为了满足一些企业保值或者投资的需要，中国不锈钢交易所于2010年1月推出钴的交易。中国不锈钢交易所成立于2006年，是全国最大的不锈钢、电解镍和相关有色金属交易结算中心，主要交易品种为不锈钢及有色金属，如不锈钢、电解镍、铅、锡、铟、钴、钼铁等。

中国不锈钢交易所钴的交易代码为“Co＋年月”，最小交易单位为1手（1手=1千克），报价单位为“元/手”，最小变动价位为0.1元/手。每日的涨跌幅度按照上一个交易日结算价的±10%确定，交易保证金为合约价值的20%。交易所按照交易所的规定收取交易手续费和交收手续费，交收单位为250手。可供交收的品牌包括金川集团有限公司的“金驼”牌、江苏凯力克钴业股份有限公司的“凯力克”牌、烟台凯实工业有限公司的“CASH”牌、赞比亚谦比希金属公司的“谦比希”牌等，该交易所钴金属的日最大成交量在16吨左右。

# 第二章　国内上市公司

## 第一节　深圳市格林美高新技术股份有限公司

深圳市格林美高新技术股份有限公司（以下简称“格林美”）成立于2001年，2006年12月改制为股份制企业，2010年1月22日登陆深圳证券交易所中小企业板，股票代码002340，是中国钴行业与电子废弃物处理行业第一家上市企业，注册资金28979.109万元，净资产21亿元，在册员工2500余人，是国家循环经济试点企业、国家创新型企业。截至2011年底的总市值超过55亿元，发行股份28979.109万股。格林美公司的核心业务是利用回收废旧电池、废弃钴镍资源与电子废弃物等废弃资源生产超细钴镍粉末与钴镍精细化工产品，其超细钴镍粉末和各种钴镍精细化工产品的生产能力达到1万吨。该公司是中国超细钴镍粉末的核心供应商，占中国市场的50%以上，生产的类球状钴粉、超细钴粉等产品，满足了国内外客户的广泛需求，尤其是类球状钴粉替代了进口产品，使中国钴粉的制造水平进入了国际先进水平行列。

## 第二节　北京当升材料科技股份有限公司

北京当升材料科技股份有限公司（以下简称“当升科技”）成立于2001年，由科研人员创业，主要股东为北京矿冶研究总院、深创投、韩国AMT及18名自然人。公司从事新能源材料的研发和生产，主要产品为钴酸锂、多元材料、锰酸锂等，是用于锂离子电池的核心关键材料。该公司于2010年4月在创业板成功上市，发行股份8000万股，股票代码300073，截至2010年底的总市值超过37亿元。

当升科技自2001年进入锂电正极材料行业以来，一直保持了较好的发展势头，目前已成长为国内锂电正极材料的龙头企业，是国内率先出口锂电正极材料的供应商。目前国际前六大锂电巨头，包括三星、LG、三洋、索尼、比克和比亚迪，都已成为该公司客户。该公司突破了传统的科研概念，建立起了以顾客为导向，具备快速反应能力的研发流程；并且，经过多年来的持续改进和积累，建立了达到国际先进水准的质量控制体系，能够生产具备高度一致性的锂电正极材料。

# 第三章　钴的价格

目前，中国企业了解到的国际市场钴价一般是MB的报价。MB通过电话联系欧美主要的贸易商和消费者以获得最新的钴报价。自1991年起，MB开始公开出版两种级别的钴价99.8%（Grade A）、99.3%（Russian Ignot）和Reuter社报的欧洲鹿特丹市场的价格。因此虽然钴的交易很活跃，但是钴价的形成并非是一个在交易所内、伴有成交量的规范报价，在其形成历史上一直伴随着钴生产者和贸易者的争夺。直到2010年2月LME推出钴的期货交易后，才有一个伴随着交易量的价格出现，但是由于交易量较小，对市场的指导作用还不明显。

自1978年开始，钴的销售开始接受两种价格，生产者价格和自由市场价格，两种力量交互作用。最初国际市场上钴价的销售以生产者的报价为主，主要生产者Umicore、Gecamine保持一致。但是1978~1980年第一次钴危机的爆发，削弱了生产者报价在市场上的地位，强调了不太精确的自由市场报价。整个20世纪80年代自由市场报价伴随着生产者报价而上下波动。1984年，ZCCM和Gecamine联手限制产量，使钴价稳定在11.45~11.75美元/磅（1磅=0.453千克）的范围内。表明这两个生产者在价格形成机制上的领导地位。

1985 年前，国际钴市场基本保持供需平衡。但在 1985 年末，产量和库存量之和超过了需求量，自由市场上贸易商的供应也较多，生产商将多余的产量转移给商人，以减少库存压力，钴价格从 11 美元/磅跌至 6 美元/磅。一些中小生产者的恐慌性抛售甚至将价格打至更低，在这种关键时候，Gecamine 是市场上的主宰因素。Gecamine 是当时市场上弹性最大的供应者。当市场供不应求时，Gecamine 能满足市场上的缺口；当市场供大于求时，价格一般要下跌，Gecamine 的竞争者要寻找市场份额，实现满负荷生产时，报价肯定要比 Gecamine 的低，而 Gecamine 为了扩大自己的市场份额，只有报出更低的钴价，只有当钴价跌至多数生产者成本线以下时，价格才有可能止跌。但当时钴主要还是铜的副产品，对价格的刚性支撑较弱。此时，也就是在 1986 ~ 1987 年，Gecamine 和 ZCCM 又一次联手减产，将钴价稳定在 8 美元/磅。

1987 ~ 1990 年期间，Gecamine 希望使其钴的收入最大化，因此在制定价格等方面也采取了较为谨慎的措施。他们意识到钴收入最大化的根本在于钴消费量逐年稳定增加，而钴消费量逐年稳定增加的前提是价格稳定、货源充足。因此在 1987 ~ 1990 年期间，生产者钴价只提过三次，自然自由市场钴价也是闻风而动。

在 1987 ~ 1990 年期间，Gecamine 还曾探索一种与消费者签订长期供货合同的做法以稳定市场。但好景不长，由于 Gecamine 在价格维护方面不能保证，一些中小用户可以从其他生产者或贸易商购买，批量和价格也较灵活，只有那些年用量在100t以上的大用户才愿意与他们签订这样的合同。在这段时间内，铜工业副产钴的量占世界精炼钴总产量的78%，是历史上最高的，相应地Gecamine和ZCCM在钴供应历史上的地位达到了顶峰。

1990年9月，Gecamine的主要富钴矿——Kamoto矿严重垮塌，钴产量只有以前的1/3；同时刚果（金）的政局进一步恶化，客户同其签订的长期合同的发货期延迟，由于Gecamine的库存量下降，市场上对其能否履约产生怀疑。此时，赞比亚ZCCM看到了机会，当Gecamine不能履约供货时，就以接近欧洲自由市场的价格将钴卖给几个贸易商。1991年底至1992年，几乎所有供应的金属都按自由市场的价格——约30美元/磅交易，而非洲生产者的价格为25美元/磅。

1990~1992年期间，另一个钴的供应来源——俄罗斯逐渐显示其在市场中的地位。俄罗斯含量为99.3%的钴主要以钴锭的形式供应，刚开始客户不太喜欢使用俄罗斯钴锭，单个钴锭3~5千克，很难处理，而非洲的钴片和切割的钴较方便使用，因此价格差异也较大，与A级钴差价约5~7美元/磅。

俄罗斯的加入使国际市场钴的供应对非洲的依赖性减小，刚果（金）和赞比亚连续稳定的供应，加之当时全球钴需求不振，1992年钴价下跌。1992年6月，自由市场钴价跌破生产者报价，并持续到1993年8月。而对这种形势，非洲生产者很不明智，他们一方面为了避免钴价像1985~

1986 年那样暴跌，一方面为了获得更好的收入，试图将钴价定在 25 美元/磅的水平上，但是敌不过市场。1992 年底，两个公司的钴库存高达 9000 吨，当年 11 月，不得不将钴价降至 18 美元/磅，仍高于自由市场上的交易价格。自由市场价格再一次战胜了生产者价格，确定了在市场中的位置。也就是说从 20 世纪 90 年代中期以后，主导市场的价格是 MB 的报价和欧洲鹿特丹市场小金属报价。

冷战结束后，不仅是俄罗斯大量出口钴，美国国防后勤署（DLA）也于 1993 年 2 月开始售钴。2002 年 6 月以前，DLA 的钴主要通过公开招标的形式向社会出售，每月第四周的周三向全球公开招标售钴，每次 64 万 ~ 70 万磅，世界上许多大的钴贸易商和消费企业均参加竞标，一度 DLA 每月的招标售钴价成为钴价走势的风向标；2002 年 6 月以后，DLA 采取了网上招标售钴的方式，由于网上招标不会透露各个公司的竞价和交易细节，市场人士对 DLA 网上招标售钴的活动持批评态度，认为它减少了钴市场的透明度。不过，经过近十年的抛售，DLA 所拥有的钴也所剩无几。截止到 2001 年 9 月 30 日，DLA 拥有的授权处理的钴还有 7890 吨，如果按照每年出售 600 万磅（2720 吨）的话，则能维持到 2004 年，若每年出售量不到 2720 吨的话，则最多能卖到 2005 年。因此无论 DLA 采取什么方式售钴，它对市场的影响也是越来越小。历年资料表明，DLA 售出的低品位的钴价一般略低于俄罗斯的 99.3% 的钴。

从 1997 年开始，随着因特网在全球的风行，WMC 公司推出了钴的在线交易系统，提高了钴交易的透明度，钴交易的垄断性和神秘性大大降低，在 1996～2002 年这 7 年间，尽管全球经济也经历了几次兴衰，但钴似乎已失去了当年大起大落的活性，钴价一路走低，这种状况到 2002 年 10 月底，由于 OMG 公司的财务丑闻，导致了 OMG 公司关闭一部分产能，钴市场才被注入了一些兴奋剂，到 2004 年初，高级钴价最高已涨至 28.5 美元/磅。和镍一样，由于澳大利亚镍钴红土矿项目的进展不顺，市场上钴的供应量也没有大幅增加，从而支持了钴价这一轮的上扬。虽然红土矿项目的进展不顺同样会影响到镍和钴的供应，但是镍的最大的消费领域——不锈钢行业近 20 年来一直保持强劲的发展势头，年增长速度达 5%～6%，从而极大地支持了镍价的走势。钴和镍不一样的是，一段时间以来，全球的钴大约有 1/4 用在航空工业领域的高温合金行业，自美国“9·11”恐怖袭击以来，世界航空工业受到了严重打击。因此在全球掀起镍投资热潮，以满足不断增加的镍需求时，给钴市场带来的却是价格不断走低的压力。另外钴市场供应的多元化也是导致钴价长期下降的一个重要因素。20 世纪 80～90 年代，国际上钴的供应主要由赞比亚、扎伊尔等非洲国家提供，90 年代初增加了苏联，后来澳大利亚、摩洛哥等国家的产量开始增加，接着中国又成为世界上一个重要的精炼钴生产国，因此目前的钴市场不会因为某一个国家的政局或生产形势的变化而引起价格大的波动。从 2002 年开始钴市场的复苏在很大程度上要得益于全球电池工业的迅速发展。未来这种格局仍将延续，但是由于来自铜和镍副产的钴产量逐年增加，预计钴价将长期趋于稳定。

2000～2010 年 MB 的钴报价如图 7-1 所示。

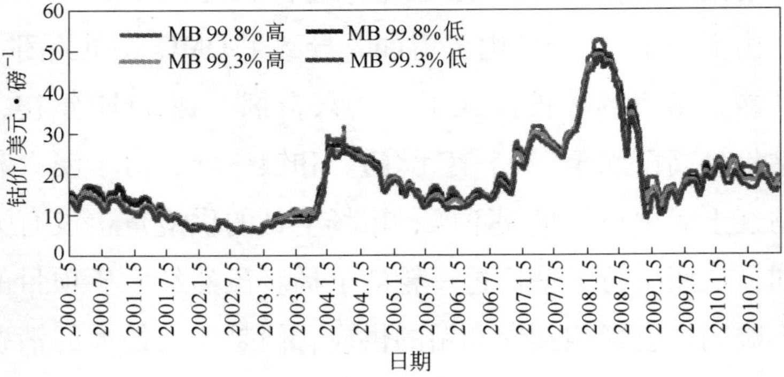


图 7-1 2000～2010 年 MB 的钴报价

（数据来源于安泰科）

# 第八篇

# 安全管理与环境保护

## 第一章　安全管理

### 第一节　钴冶炼生产的特点

钴湿法冶炼生产过程中使用的主要辅料多为强酸强碱溶液、易燃气体、惰性窒息气体、有毒气体等危险化学品，具有易燃、易爆、易中毒、高温、高压、有腐蚀性等特点，生产过程存在较高的危险性，易发生酸碱灼伤、火灾、中毒等多种类型的事故。

钴冶炼生产如何针对行业特点及危险、危害因素，形成一套有效的安全管控模式是安全管理的核心内容。

### 第二节　安全管理措施

各生产单位应结合本单位的具体情况制定和完善各项安全管理规章制度，制定和实施安全技术措施，组织安全检查和宣传教育等。在传统安全管理基础之上还要大力推广和应用现代安全管理方法，对生产装置进行预先的危险性分析和安全评价，在分析、评价基础上制定安全防范措施，预防事故发生。要加强安全技术、安全教育、安全管理三个方面的工作。安全技术措施主要是提高工艺过程、机械设备本身安全可靠程度，控制物的不安全状态，由于人为差错难以控制，因此技术措施是预防事故的根本措施；安全管理措施是保护人们按照一定的方式从事操作，保证性能正常；安全教育措施是提高人们安全素质和安全意识的重要手段，没有安全教育就谈不上采取安全技术措施和安全管理措施。所以技术、教育、管理三个方面是相辅相成的，必须同时进行，缺一不可。

# 第二章　环境保护

## 第一节　概　　述

工业生产中的污染物是指废渣、废气、废水、噪声。在项目进行可行性研究、环境影响评价、初步设计时要选择成熟可靠的污染物处理工艺。随着国家法律、法规、规范和标准的不断完善，人们对环境保护重要性的认识的提高和科学技术的进步，污染物的治理取得了很大的进展，甚至变废为宝，得到综合利用。

在电积钴生产和钴盐生产过程中，对产生的废渣的综合利用做了大量的研究工作，取得了可喜的成绩，使废渣中的镍、钴、铜等有价金属的回收率不断提高。电积钴产生的含氯废气，一般采用碱液吸收处理；钴盐生产过程中产生的含尘废气，采用布袋除尘器处理；萃取等工艺过程中产生的酸雾用酸雾吸收塔吸收处理。

对含重金属的废水先经离子交换处理回收其中的有价金属镍、钴、铜等，再由重金属废水处理站和污水处理总站进行深度处理，产生的中水回用到生产系统。

生产过程中产生的噪声来源于生产设备。

中国《铜、镍、钴工业污染物排放标准》中各项污染物的浓度限制值列于表 8-1 和表 8-2。

**表 8-1　水污染物排放浓度限值**（摘自 GB 25467—2010）

| 序号 | 污染物项目 | 浓度限值/mg · $L^{-1}$① | |
|---|---|---|---|
| | | 直接排放 | 间接排放 |
| 1 | pH 值 | 6～9 | 6～9 |
| 2 | 悬浮物 | 100(80)(采选) | 200（采选） |
| | | 70(30)(其他) | 140（其他） |
| 3 | 化学需氧量（$COD_{Cr}$） | 120(100)(湿法冶炼) | 300（湿法冶炼） |
| | | 100(60)(其他) | 200（其他） |
| 4 | 氟化物（以 F 计） | 8（5） | 15 |
| 5 | 总　氮 | 20（15） | 40 |
| 6 | 总　磷 | 1.5（1.0） | 2.0 |
| 7 | 氨　氮 | 15（8） | 20 |
| 8 | 总　锌 | 2.0（1.5） | 4.0 |

续表 8-1

| 序号 | 污染物项目 | 浓度限值/mg·L$^{-1}$① | |
|---|---|---|---|
| | | 直接排放 | 间接排放 |
| 9 | 石油类 | 8（3.0） | 15 |
| 10 | 总铜 | 1.0（矿山及湿法冶炼） | 2.0（矿山及湿法冶炼） |
| | | 0.5（其他） | 1.0（其他） |
| | | （0.5） | （1.0） |
| 11 | 硫化物 | 1.0 | 1.0 |
| 12 | 总铅 | 1.0（0.5） | |
| 13 | 总镉 | 0.1 | |
| 14 | 总镍 | 1.0（0.5） | |
| 15 | 总砷 | 0.5 | |
| 16 | 总汞 | 0.05 | |
| 17 | 总钴 | 1.0 | |

注：表中括号内的数据自 2012 年 1 月 1 日起执行。

① 表中数据除 pH 值外，均以 mg/L 为单位。

## 第二节 环境保护技术措施

### 一、固体废弃物的处理

在电积钴、钴盐的生产过程中产生的工业固体废弃物主要有铁渣、含钴废料、溶解渣等，这些固体废弃物中含有微量的镍、钴等有价金属，需要进一步提取其中的有价金属，要“吃干榨尽”，作为副产品返回到冶炼工序进行富集和提炼。

**表 8-2 大气污染物排放浓度限值（摘自 GB 25467—2010）**

| 序号 | 生产类别 | 工艺或工序 | 污染物名称及排放限值/mg·m$^{-3}$ | | | | | | | | | |
|---|---|---|---|---|---|---|---|---|---|---|---|---|
| | | | 二氧化硫 | 颗粒物 | 砷及其化合物 | 硫酸雾 | 氯气 | 氯化氢 | 镍及其化合物 | 铅及其化合物 | 氟化物 | 汞及其化合物 |
| 1 | 采选 | 破碎、筛分 | — | 150（100） | — | — | — | — | — | — | — | — |
| | | 其他 | 800（400） | 100（80） | | 45(40) | 70(60) | 120（80） | | | | |
| 2 | 铜冶炼 | 物料干燥 | 800 | 100（80） | 0.5（0.4） | 45（40） | — | — | — | 0.7 | 9.0（3.0） | 0.012 |
| | | 环境集烟 | 960 | | | | | | | | | |
| | | 其他 | 900 | | | | | | | | | |
| | | （全部） | （400） | | | | | | | | | |
| 3 | 镍、钴冶炼 | 全部 | 960（400） | 100（80） | 0.5（0.4） | 45(40) | 70(60) | 120（80） | 4.3 | 0.7 | 9.0（3.0） | 0.012 |
| 4 | 烟气制酸 | 一转一吸 | 960 | 50 | 0.5 | 45 | — | — | — | 0.7 | 9.0 | 0.012 |
| | | 两转两吸 | 860 | | | | | | | | | |
| | | （全部） | （400） | | （0.4） | （40） | | | | | （3.0） | |

注：表中括号内的数据自 2012 年 1 月 1 日起执行。

锅炉产生的锅炉燃煤灰渣，则作为筑路材料销售。

生活垃圾来源于员工的日常生活，集中收集后送垃圾场填埋处置。

## 二、废气处理

电积钴和钴盐产品的生产过程由于工艺流程和处理的原料不同，产生的废气成分也不同，因此废气的治理方法也不同。

### （一）含氯废气的处理

在电积钴的生产过程中产生大量高浓度含氯废气，严重腐蚀厂房设备，污染厂区环境。为了改善岗位操作环境，产生的余氯必须回收处理。余氯吸收是在装有填充料的吸收塔内进行，将吸收液用循环泵打入吸收塔顶部，经分布板均匀向下喷淋，而含氯废气从吸收塔底部向上运行，与吸收液均匀接触，废气中的余氯经充分吸收后从塔顶排出。

在生产实践中，用 NaOH 溶液处理含氯尾气，处理效率可以达到 99.99%。吸收液主要用的是 NaOH 溶液。用 NaOH 溶液吸收余氯的反应为：

$$2NaOH + Cl_2 = NaClO + NaCl + H_2O$$

### （二）含尘废气的处理

在钴盐的生产过程中产生大量的含尘尾气，尾气中含有大量的钴元素，采用布袋除尘器进行除尘处理后，尾气可以达标排放。布袋除尘器的工作原理是含尘尾气通过过滤材料，尘粒被过滤下来，过滤材料捕集尘粒主要靠惯性碰撞、扩散和筛分作用，其中滤料的粉尘层也有一定的过滤作用。图 8-1 所示为闪蒸干燥机工作示意图。

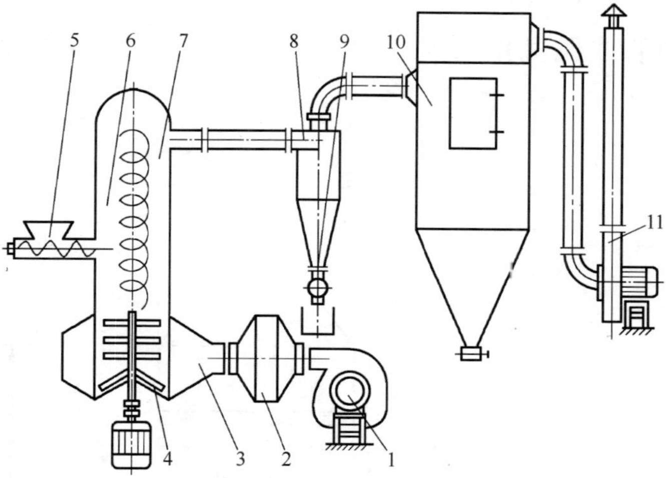


图 8-1　闪蒸干燥机工作示意图

1—送风机；2—加热器；3—空气分配器；4—搅拌机；5—螺旋加粒器；6—干燥器；7—分级器；8—旋风分离器；9—星形卸料器；10—布袋除尘器；11—引风机

（三）酸雾的处理

酸雾主要产生在溶解、浸出、萃取等工艺过程中用酸的环节，为了防止这些酸雾的无组织排放，在主要酸雾产生点设置集气罩，含酸雾的废气经收集后通过管道引至酸雾吸收塔处理后外排。酸雾吸收塔的工作原理是：酸雾废气由风机吸入后压入净化塔的内筒形成压力室，再由压力室均配给每根鼓泡管，废气通过鼓泡进入储液箱的吸收中和液中产生鼓泡，使气液充分接触，再向上流动，至第一滤料层，与第一级喷嘴喷出的中和液接触反应。吸收后的废气继续向上流动至第二滤料层，与第二级喷嘴喷出的中和液接触，再次发生中和反应，然后通过旋流板，由风帽和排风管或风机排入大气中。图 8-2 所示为酸雾吸收塔的工作示意图。

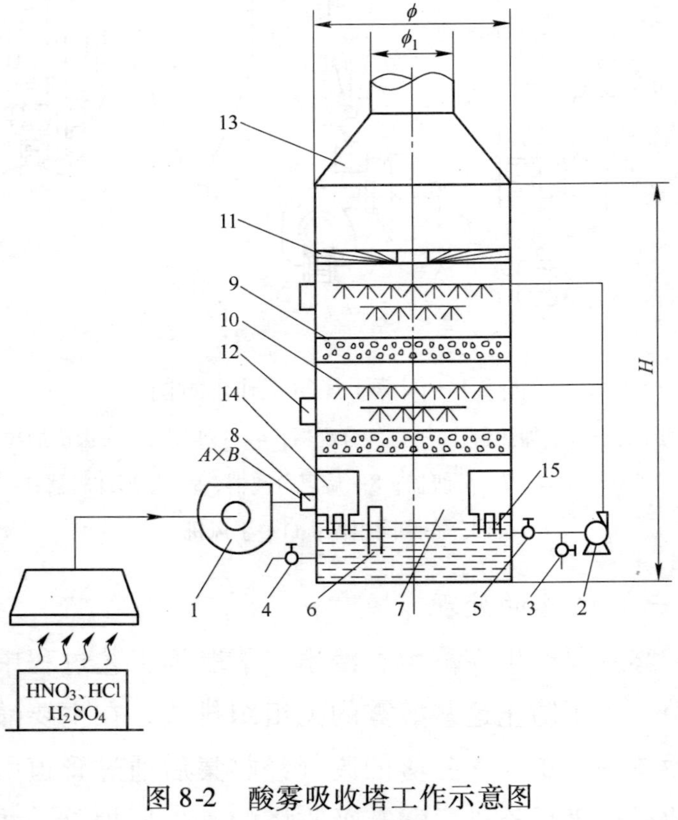


图 8-2　酸雾吸收塔工作示意图

1—离心通风机；2—离心水泵；3—加液管；4—放液管；5—阀门；6—液面指示计；7—储液箱；8—进风管；9—填料层；10—喷嘴；11—旋流板；12—检视孔；13—出风帽盖；14—压力室；15—鼓泡管

## 三、废水处理

电积钴和钴盐产品的生产过程中产生的废水主要有萃取废水、工艺废水、废气吸收废水、离子交换废水、纯水处理站废水、设备冷却排污水、生活污水等。

萃取废水经除油后和工艺废水进入离子回收床进行处理，回收的有价金属溶液返回溶解工艺进行回用，其余废水排入重金属污水处理站进行深度处理，处理后的废水再与废气吸收废水、纯水处理站废水、设备冷却排污水、生活污水等进入污水处理总站进行处理，处理达标后的中水回用到生产系统。离子回收床工作示意图如图 8-3 所示，重金属离子废水处理站工作示意图如图 8-4 所示，污水处理总站工作示意图如图 8-5 所示。

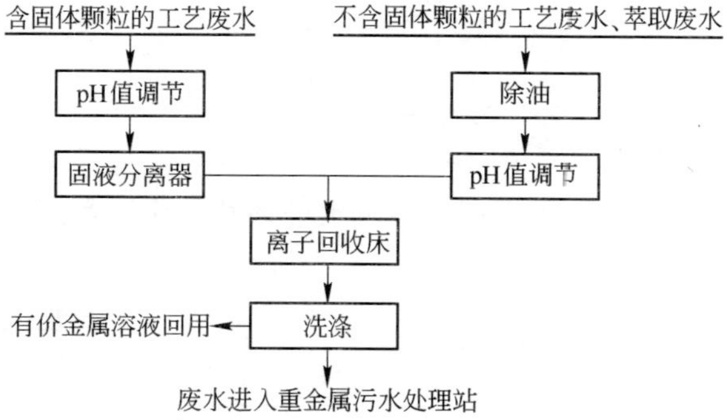


图 8-3　离子回收床工作示意图

## 四、噪声处理

在电积钴和钴盐的生产过程中，产生高噪声的主要设备

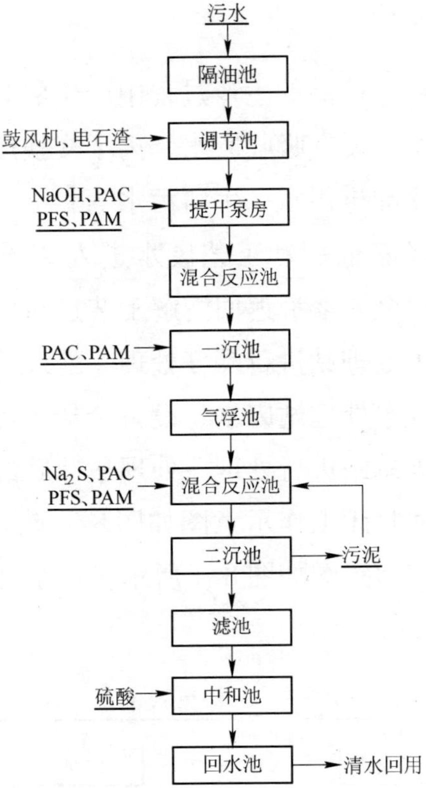


图 8-4 重金属离子废水处理站工作示意图

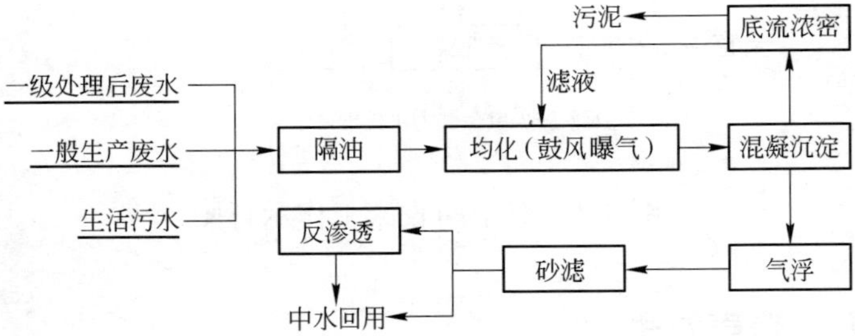


图 8-5 污水处理总站工作示意图

有各种原液泵、水泵、洗水泵、真空泵、鼓引风机、空压机、冷却塔等。采取选用低噪声设备，并进行厂房隔声；对于有振动的生产设备采取基础减振，与设备连接的管道采用柔性接头；在受影响较大的工作间采用具有吸声的建筑材料等措施降低噪声；空压机设于空压站机房内，空压机在吸口处安装消声器和空气过滤器。

# 第九篇

# 行业管理与政策法规

## 第一章　行业管理

钴行业归口属于中国有色金属工业协会。随着中国钴企业数量的增加以及中国钴产量和消费量在国际市场影响力的提高，2010 年 4 月，由国内 18 家企业发起成立中国有色金属工业协会钴业分会。

相对于其他战略金属而言，中国政府对钴的行业管理政策比较宽松，由于中国钴原料缺乏，长期以来生产和贸易主要是为了满足国内市场的需要，因此国家一直鼓励对钴的进口，对出口也没有限制。但是 2005 年以后，随着中国钴冶炼产能的迅速扩大，金属钴、钴盐的出口也进入了国家宏观调控的范围。

## 第二章　政策法规

近年来，由于中国利用进口钴精矿加工成各类钴产品后出口量的增加，政府从 2006 年起先后调低或取消了钴产品的出口退税，并于2007年年初和年中分别公布了两次出口退税下调/取消的政策（见表9-1），后来的政策又规定凡是出口退税下调或取消的商品不得从事来料加工复出口的业务。

**表9-1　2006～2007年取消/降低出口退税的钴产品税则号**

| 税则号 | 产　品 | 原出口退税率/% | 提高后的出口退税率/% | 降低后的出口退税率/% | 取消 |
|---|---|---|---|---|---|
| 28419000 | 钴酸锂 | 5 | 13 | | |
| 85078020 | 锂离子电池 | 13 | 17 | | |
| 81052010 | 钴湿法冶炼中间品 | 13 | | | 取消 |
| 81052090 | 钴锍及其他钴冶炼时所得的中间产品、未锻轧钴、粉末 | 13 | | | 取消 |
| 81053000 | 钴锍废碎料 | 13 | | | 取消 |
| 28220010 | 四氧化三钴 | 13 | 13 | | |
| 29171120 | 草酸钴 | 13 | | 9 | |
| 81059000 | 其他钴及制品 | | | 5 | |
| 28309030 | 硫化钴 | 13 | | | 取消 |
| 28342910 | 硝酸钴 | 13 | | | 取消 |
| 28369930 | 碳酸钴 | 13 | | | 取消 |
| 28332990 | 其他硫酸盐（硫酸钴） | 13 | | | 取消 |
| 28273990 | 其他氯化物（氯化钴） | 13 | | | 取消 |

注：资料来源于钴业分会。

随着国家环境保护力度的加大，政府加强了对“两高一资”类产品的限制，取消了一系列产品的来料加工贸易，进口钴精矿复出口钴盐等产品的经营活动受到影响。为此，中国有色金属工业协会积极向商务部、发改委、国家税务总局、国家海关总署等相关部门建议“钴类产品不应纳入加工贸易禁止类目录”。2008 年 4 月初，商务部公布了加工贸易禁止类目录，也就是说禁止以加工贸易的形式进口钴精矿，禁止以加工贸易的形式出口表 9-2 中所列的钴盐。但是如果以加工贸易的方式进口湿法冶炼钴中间产品等原料、出口表 9-2 中未列出的钴盐/金属钴是可以的。2008 年 11 月 13 日国务院关税税则委员会关于调整出口关税的通知中，对氧化钴、四氧化三钴的出口征收 10% 的出口关税，从 2008 年 12 月 1 日起执行。经过多方努力，从 2009 年 1 月 1 日起，四氧化三钴的出口暂不征收关税。

**表 9-2 2008 年加工贸易禁止类商品目录**（含钴的部分）

| 商品编码 | 商品名称 | 禁止方式 | |
|---|---|---|---|
| 2605000001 | 钴矿砂及其精矿（黄金价值部分） | | 进口 |
| 2605000090 | 钴矿砂及其精矿（非黄金价值部分） | | 进口 |
| 2830903000 | 硫化钴 | 出口 | |
| 2834291000 | 硝酸钴 | 出口 | |
| 2837199014 | 氰化钴 | 出口 | |
| 2844402000 | 放射性钴及放射性钴盐 | 出口 | |
| 8105201000 | 钴湿法冶炼中间品 | 出口 | |
| 8105209001 | 钴锍及其他冶炼钴时所得中间产品 | 出口 | |
| 8105209010 | 钴不小于 99.5% 的超细钴粉 | 出口 | |
| 8105300000 | 钴锍废碎料 | 出口 | |

注：资料来源于中国海关。

尽管对钴初级冶炼产品的政策在不同时期有所变化，但总的来讲中国政府对钴深加工产品的出口还是一直持鼓励态度，比如钴酸锂的出口退税保持在13%，主要使用钴酸锂的锂离子电池的出口退税则一直保持在17%。

2008年11月17日，为了应对国际金融危机对中国经济的冲击，财政部、国家税务总局再次发布《关于提高劳动密集型产品等商品增值税出口退税率的通知》，将税则号为2915400010～2918130000的一氯醋酸钠等商品的出口退税率调整为9%，其中包括了草酸钴（29171120），从2008年12月1日起执行。

2008年12月31日商务部会同海关总署发布了2008年第120号和121号公告，调整加工贸易限制类和禁止类目录，涉及加工贸易出口额约300亿美元，从禁止类目录中剔除27个十位商品编码，主要涉及铜、镍、钴、铝材等产品，从2009年2月1日起执行（见表9-3）。涉及钴的条目是从加工贸易禁止类目录剔除钴矿砂及其精矿（黄金价值部分和非黄金价值部分），同时放开硫化钴、钴锍及其他冶炼钴时所得中间产品和超细钴粉的出口加工贸易。由此可见，中国钴冶炼企业涉及的主要原料——钴精矿和湿法冶炼中间产品的进口加工贸易均已放开，而主要的出口产品金属钴、钴粉和多数钴盐均不在禁止之列，因此当前的外贸政策对钴企业来讲，还是相对宽松的。

表9-3 2006年以来中国钴进出口政策调整一览表

| 类别 | 时间 | 政策调整内容 |
| --- | --- | --- |
| 出口 | 2006年9月20日 | 取消钴湿法冶炼中间品、钴锍及其他钴冶炼时所得的中间产品、未锻轧钴、粉末和钴锍废碎料的出口退税，将钴酸锂的出口退税从5%提高到13% |
| | 2007年7月1日 | 取消硫化钴、氯化钴、碳酸钴、硝酸钴、硫酸钴的出口退税 |
| | 2008年11月13日 | 对氧化钴、四氧化三钴的出口征收10%的出口关税，从2008年12月1日起执行。但从2009年1月1日起，四氧化三钴的出口暂不征收关税 |
| | 2008年11月17日 | 财政部、国家税务总局再次发布《关于提高劳动密集型产品等商品增值税出口退税率的通知》，将税则号为2915400010～2918130000的一氯醋酸钠等商品的出口退税率调整为9%，其中包括了草酸钴（29171120），从2008年12月1日起执行 |
| 加工贸易 | 2006年11月6日 | 国家财政部、商务部、海关总署等部门联合发文，调整部分商品出口退税率和增补加工贸易禁止类商品目录，规定“对此前已经取消出口退税和本次取消出口退税的商品列入加工贸易禁止类目录”。据此规定，镍锍、钴锍、未锻轧钴、未锻轧镍等商品已被列入了禁止加工贸易目录 |
| | 2007年4月 | 禁止镍钴精矿进口加工贸易、禁止钴锍及其他冶炼钴时所得中间产品、钴不小于99.5%的超细钴粉和钴锍废碎料的出口加工贸易 |

续表 9-3

| 类　别 | 时　间 | 政策调整内容 |
| --- | --- | --- |
| 加工贸易 | 2008 年 4 月 5 日 | 商务部公布了加工贸易禁止类目录，禁止以加工贸易的形式进口钴精矿，禁止以加工贸易的形式出口硫化钴、硝酸钴、氰化钴、放射性钴及放射性钴盐、钴湿法冶炼中间品、钴锍及其他冶炼钴时所得中间产品、钴不小于 99.5% 的超细钴粉、钴锍废碎料 |
|  | 2008 年 12 月 31 日 | 2008 年 12 月 31 日商务部会同海关总署发布了 2008 年第 120 号和 121 号公告，调整加工贸易限制类和禁止类目录，涉及加工贸易出口额约 300 亿美元，从禁止类目录中剔除 27 个十位商品编码，主要涉及铜镍钴铝材等产品，涉及钴的条目是从 2009 年 2 月 1 日起，从加工贸易禁止类目录剔除钴矿砂及其精矿（黄金价值部分和非黄金价值部分），同时放开硫化钴、钴锍及其他冶炼钴时所得中间产品和超细钴粉的出口加工贸易 |

注：资料来源于钴业分会。

# 第十篇

# 主要生产厂家

## 第一章　世界主要生产商

### 第一节　OMG

OMG总部位于美国俄亥俄州克里夫兰市，跟钴有关的工厂有30余家，产品575种，涉及航空航天制造、硬质合金工具、橡胶、汽车、色釉料、涂料、催化剂、电子、石化、磁材、电池等。

该公司现有钴产品产能9000吨/年。作为全球主要的钴产品生产企业，该公司拥有独一无二的资源和生产线，主要生产的钴类产品有充电电池的前驱体材料、催化剂、陶瓷和玻璃的着色剂和颜料，上述产品适用于多种应用领域，具有高纯度和精确粒径等特性。

2007年OMG与Norilsk合作，由Norilsk每年为OMG公司提供2500吨钴金属、2500吨粗制氢氧化钴精矿和1500吨粗制硫酸钴（折合5000吨/年金属量的钴），而条件是OMG公司的镍交由Norilsk来销售，双方分别交换镍钴市场。这样 OMG 公司在市场上控制的钴量达到了 1.15 万吨左右。即便受到金融危机的冲击，OMG 的产量仍保持相对稳定，2008 年、2009 年的精炼钴产量分别为 8950 吨和 8850 吨。

## 第二节 ENRC（Chambishi）

Eurasian Natural Resources Corp（ENRC）第一大股东 Kazakhny 为哈萨克斯坦最大的铜生产商，旗下有数家分支机构，并在不断地兼并重组中。

ENRC 在 2009 年 2 月中旬收购 Enya Holdings，而 Enya Holdings 拥有 Chambishi 90% 的股份和迪拜 Comit Resources 全部的股份。Comit Resources 拥有销售 Chambishi 铜钴产品的悠久历史。ENRC 以 3 亿美元收购赞比亚的 Chambishi 铜钴加工厂，希望可以通过使用刚果（金）的铜钴矿来降低 Chambishi 的成本。赞比亚 Chambishi 每天的产量已经从 8 吨增加到 11 吨。ENRC 计划 Chambishi 在 2012 年之前的年产量将从 3500 吨增加到 1.2 万吨，并且将投资 8000 万美元到该矿山中。

2009 年 9 月，ENRC 兼并了刚果（金）的 Central African Mining and Exploration（CAMEC）。

2010 年公司的铜和钴的产量分别是 2.03 万吨和 9650 吨。

## 第三节 Xstrata

鹰桥公司以生产镍、铜、钴、铂金等金属领先于世界。鹰桥公司于1928年迈入矿产业，目前拥有5800名雇员，分布于12个国家。公司总部位于加拿大多伦多。至2003年12月31日，鹰桥公司的股份由诺兰达公司（Noranda Inc.）控股58.8%，剩余41.2%为其他投资者所控，2006年鹰桥公司被Xstrata公司收购。

鹰桥公司金属钴产能5200吨/年，其钴精炼厂位于挪威Nikkelverk（克里斯蒂安松），原料是来自加拿大Sudbury鹰桥冶炼厂、博茨瓦纳皮奎冶炼厂及俄罗斯Norilsk股份公司的高冰镍，进厂混合后的高冰镍典型成分为：Ni 40%～50%，Cu 35%，Co 1%～2%，Fe 2%～3%。近年来该公司又加强了对废杂钴原料（主要是废锂离子电池物料）的加工处理。该厂1953年开始钴的开发，1982年采用溶剂萃取提钴。

嘉能可拥有鹰桥公司34.38%的股份，2007年3月，Xstrata Nickel和嘉能可签订了关于其镍、钴和镍铁产品唯一的代销合同，合同有效期到2012年底，而且是在没有特别说明的情况下自动续约的。2009年，Xstrata Nickel卖给嘉能可8.85万吨镍、3066吨钴、236吨镍铁。

2010年Xstrata公司矿产镍产量为6.06万吨，矿产铜产量为4.27万吨，精炼镍产量为9.21万吨，钴产量为3104

吨（其中自产钴矿 1094 吨金属量）。

## 第四节 Glencore

嘉能可（Glencore）是一家世界领先的矿产原料商，主要是通过贸易、资本运作等手段控制一些商品的市场。

作为当前世界钴市场主要的生产者，嘉能可虽然没有直接参与生产，但是 2007 年以后，通过融资获得包销权或者控股、参股等手段，嘉能可实际控制的钴金属量产能达到 1.6 万吨，位居同行之首。

目前嘉能可公司已完成对澳大利亚 Minara 公司的全面收购。Minara 是世界排名前 10 位的镍厂商，拥有镍产能 4 万吨/年，钴产能 4000 吨/年。

Xstrata 收购的加拿大 Falconbridge（国内习惯称做鹰桥）每年生产至少 3000 多吨钴，2007 年嘉能可拥有 Xstrata 35% 的股份和镍钴产品的销售权。

嘉能可绝对控股的（嘉能可占 73%，赞比亚政府占 10%，第一量子占 17%）Mopani，是赞比亚排名第二的钴厂商。

2009 年 1 月 13 日，Katanga 矿业公司和嘉能可宣布其之前公布的 2.65 亿美元贷款交易已经达成。这些资金将用在 Kamoto（Kamoto Copper Company）和 DCP（DRC Copper and Cobalt Project）项目上。Katanga 继续从目前股东和新投资者寻找融资，份额不会超过目前融资总额的 75%，大约 1.99

亿美元。

截至 2010 年底，嘉能可公司的总资产达 797.87 亿美元，净收入从 2009 年的 27 亿美元增长至 2010 年的 38 亿美元。

2011 年 5 月，嘉能可在伦敦和香港两地上市。

## 第五节 Umicore

Umicore 公司是一家专业生产含钴材料的公司。该公司主要业务范围是高科技电池原料、贵金属产品、催化剂以及锌产品。目前公司雇员约为 1.7 万人，产品在 50 多个国家和地区销售。2005 年公司营业额已达 66 亿欧元。由于该公司积极从事废杂原料的处理，既保护了环境，又创造了价值，因此 2005 年 6 月被评为全球“财务和社会责任感”前 50 位企业。2008 ~ 2009 年，公司的营业收入分别为 21 亿欧元和 17.23 亿欧元。

Umicore 每年大约向市场提供 9000 吨钴金属量的产品，其中自产的大约 4500 吨钴金属量，外购 4500 吨钴金属量。

Umicore 钴冶炼工厂分设在比利时和中国，位于比利时的 Olen 厂可生产金属钴、氧化钴、氢氧化钴和各种钴盐，原料为含钴物料和废料；其位于中国的加工厂赣州逸豪利用 Uimocre 提供的钴物料从事来料加工业务，主要生产草酸钴，供其在上海的钴粉厂作为原料或者出口，产能 4000 吨/年。2010 年 Umicore 的精炼钴产量为 2600 吨。

# 第二章 中国主要生产商

## 第一节 金川集团有限公司

金川集团有限公司是采、选、冶配套的有色冶金和化工联合企业，是全球同类企业中生产规模大、产品种类全、产品质量优良的公司之一，主要生产镍、铜、钴、铂族贵金属、有色金属压延加工产品、化工产品、有色金属化学品等。

2010 年金川集团的有色金属总量突破 52 万吨，其中镍产品 13 万吨，铜产品 38.8 万吨，钴产品 6200 吨。2010 年 2 月，伦敦金属交易所推出钴期货交易，金川集团的金属钴成为首批注册交割的品牌。

金川集团确定的“十二五”目标是：有色金属及加工材年产量超过 150 万吨，化工产品超过 450 万吨；产品销售收入超过 1000 亿元，营业收入超过 1500 亿元，利税总额超过 150 亿元，打造千亿企业。

为了获得稳定的原料渠道，2002 年 3 月由中国、刚果（金）双方共同成立合资公司——富丽公司，合资公司注册资本为 100 万美元，中方占股 51%（其中万宝矿产 90%，金川集团 10%），刚方占 49%。冶炼厂总投资 2124 万美元，于 2005 年 5 月建成投产，采用还原熔炼工艺处理铜钴氧化矿石生产铜钴合金，设计产能为铜钴合金 3500

吨/年，平均含钴品位20%。该合资企业向国内包括金川集团在内的企业提供白合金原料，另外金川集团还从其他企业手中收购氯化钴和碳酸钴。目前金川集团自产镍矿中每年大约产1200吨钴金属量，进口铜镍原料中带进来部分钴金属量，其余主要靠在国内外采购。虽然金川集团对国内钴市场价格起到一定的主导作用，但是其生产运营状况不具备典型性。为了更好地提高金川集团钴板块业务的竞争力，2009年将钴业务从原料采购到产品销售全部划拨到金川科技，独立核算。

2012 ~ 2013年金川集团拟进行整体上市。

## 第二节　浙江华友钴业股份有限公司

浙江华友钴业股份有限公司成立于2002年，是一家专注于钴、铜有色金属冶炼及钴新材料产品深加工的高新技术企业。公司主要生产四氧化三钴、氧化钴、碳酸钴、氢氧化钴、草酸钴、硫酸钴、氧化亚钴等产品，产品主要用于锂离子电池正极材料、航空航天高温合金、硬质合金、色釉料、磁性材料、橡胶黏合剂和石化催化剂等领域。公司是中国最大的钴化学品生产商，钴综合产能规模排名中国第二。2010年公司总产销量钴4600吨、铜21000吨。

华友钴业始终坚持以科技创新作为企业发展的根本。在钴行业拥有了中国一流的自主核心技术，通过了ISO9000、ISO14000、OHSAS18000、GB/T19022和GB/T15496管理体系的认证，为公司做强做大钴产业提供了坚实保障。

华友钴业积极践行“走出去”战略，2006 年起在非洲进行钴矿资源的开发，通过在非洲间接和直接的投资，已建立起独立、完整的钴、铜矿产资源采、选、冶产业链体系，为公司的长远发展及国内钴新材料产业制造平台的原料供应奠定了坚实基础。

华友钴业将始终坚持以钴新材料产业发展为核心，以铜产品为辅助，以境外自有矿产资源为基础，致力建设成为资源节约、环境友好，集采、选、冶、新材料深加工为一体的科技型跨国企业。至 2015 年，公司将分别完成刚果（金）资源开发基地及国内钴新材料制造基地的跨国经营布局，力争成为全球钴行业的领先企业。

## 第三节　江苏凯力克金属有限公司

江苏凯力克金属有限公司成立于 2003 年，是一家专业从事以钴金属湿法冶炼及其化工新材料研发制造为主导的中外合资企业。公司主要生产 KLK 品牌电积钴、四氧化三钴、钴酸锂、氯化钴、碳酸钴等产品，是目前中国主要的四氧化三钴生产企业和第二大电积钴生产商。

公司成立以来一直保持平稳、快速增长。2008 年公司新增投资近 1 亿元人民币，以国家发明专利为依托，以节能环保为核心，完成了电积钴、电积铜生产线技术改造和二期四氧化三钴扩产，整体生产技术水平、产品结构和产能都迈上了新的台阶，形成每年2000吨电积钴、5000吨四氧化三钴（实物量）的产能。2010年2月，凯力克的99.95%金属钴在LME注册成功。2010年凯力克生产了2000吨金属钴，总产量达到4500吨钴金属量。

凯力克拥有员工人数230人，其中技术人员13人，公司于2006年7月通过ISO9001质量管理体系认证，以先进的生产设备和雄厚的技术力量为依托，以严格的生产管理和品质控制作保证，产品质量达到国际先进水平，国内外市场占有额不断提升，从成立到现在产量和销售额翻了几番，2010年度销售额达12亿人民币。

## 第四节　浙江嘉利珂钴镍材料有限公司

浙江嘉利珂钴镍材料有限公司位于浙江杭州湾精细化工园区。公司总投资3580万美元，占地182.8亩，是目前华东地区较大的钴、镍化工新材料产品专业生产企业。

公司主要由上海宁锡工业资源有限公司投资，致力于钴、镍无机盐类化合物及其延伸产品的研发和生产。产品主要应用于电池材料、硬质合金、光亮电镀、陶瓷釉料、工业催化剂、粉末冶金等行业。目前已具备年产3800吨金属量钴、镍、铜盐化合物的生产能力，产品主要包括：氧化钴、硫酸钴、氯化钴、草酸钴、高纯碳酸钴、高纯氢氧化钴、癸酸钴、硼酰化钴、钴粉、氧化镍、硫酸镍、硫酸铜、氧化铜等，并且目前正在研发新的高技术产品。

公司计划与韩国企业合作生产三元前驱体，目前生产设备已处于调试阶段。

## 第五节 赣州逸豪优美科实业有限公司

赣州逸豪优美科实业有限公司是一家与比利时 Umicore（优美科）公司合资的有色金属冶炼中外合资企业，更名前为赣州鸿晟冶金化工实业有限公司。除了为比利时优美科代加工产品外，赣州逸豪优美科也为国内其他精炼钴生产商提供代加工服务，产品质量稳定。

公司位于赣州市章贡区西河龙庄上余亩，注册资金 1742 万美元，总投资 5226 万美元，设计年处理钴能力 5000 吨（以金属量计）。主要生产草酸钴、碳酸钴、氯化钴、硫酸钴、氢氧化钴、四氧化三钴、氯化镍、硫酸镍等化学品及高品质钴、铜金属，产品大多数用于出口。公司已成为国内最大的钴化学品生产出口企业。近两年该公司的钴产量大约稳定在 2500 吨。2010 年，公司新投产了金属钴生产线，但目前产量并不大。

2009 年实现销售收入 5.7 亿元，出口创汇 2671 万美元，实现税收 1.5 亿元。近年来先后获得全国“外商投资双优企业”，江西省“质量管理先进企业”、“先进外资企业”、“纳税百家企业”、“外贸出口先进企业”，赣州市“质量管理先进企业”、“外引内联先进企业”等荣誉称号；2003 年被南昌海关评为 A 类先进企业；2005 年获得农业银行 3A 信用等级。

## 第六节 佳远钴业控股有限公司

佳远钴业控股有限公司由新华联集团和金为集团出资组建的一家跨国公司。公司主要从事有色金属资源开发、冶炼加工、国际贸易与投资。公司拥有9家子公司，其中冶炼加工企业5家。公司目前拥有30余个矿权，矿种主要有铜、钴、钽、铌、钨、锡等。中国境内的三家冶炼企业设在广东省清远市，毗邻珠三角及黄埔口岸，交通便利。

公司主要业务以钴、铜、钽、铌冶炼产品的研发、生产、销售以及镍、锡、钨等金属贸易为主，公司全资子公司英德佳纳金属科技有限公司目前已具备年产钴金属3000吨的能力，主要产品包括草酸钴、碳酸钴、氯化钴、硫酸钴、四氧化三钴、氢氧化钴；铜金属产能1.5万吨，主要产品包括粗铜、阴极铜；钽铌产品包括氟钽酸钾、氧化钽、氧化铌、铌铁合金等。

## 第七节 南通新玮镍钴科技发展有限公司

南通新玮镍钴科技发展有限公司是一家具有独立法人资格的外商独资企业。成立于2005年6月，占地面积3万平方米，注册资本500万美元，员工140余人，其中科技人员30人，具有高级技术职称（含教授）的科技人员10人。公司目前主要产品有碳酸钴、氯化钴、硫酸钴、电积钴、电池级四氧化三钴、电积铜、硫酸镍等系列产品。

公司依托原产于非洲的水钴矿为主要原料，采用国际先进的湿法冶金工艺和装备，并拥有自主知识产权，以其独特、高效和低运行成本为特点，成功开发了电池级氯化钴、硫酸钴、四氧化三钴、高纯阴极钴等钴系列产品，形成了年产 2000 吨金属量钴产品的综合能力，同时综合回收镍、铜等有价金属。2010 年公司实现工业总产值 4.01 亿元，实现销售收入 3.12 亿元，上缴入库税金 677 万元，连续三年荣获海门市“铜牌企业”称号。

公司实施与国际接轨的经营体制，以建立现代企业制度为目标，设立了国际贸易部、供应部、安全生产部、财务部、综合部及检测中心六位一体的管理体系，实现了经营管理信息化和网络化，还先后通过了 ISO 9001：2001 国际质量体系认证和 ISO 14001：2004 环境管理体系认证。至此，公司已经打通了稳定生产、诚信经营、国际市场准入的绿色通道。

## 第八节　烟台凯实工业有限公司

烟台凯实工业有限公司是一家集钴金属湿法冶炼及集科研开发、生产经营、资源综合利用于一体的大中型企业。公司注册资本 4500 万元，企业总资产 4.27 亿元，现有员工 400 人，其中，专业技术人员 82 人；占地面积 100 亩（6.6

万平方米），厂区建筑面积 2.7 万平方米。

凯实公司利用原产于非洲的富钴矿，采用国际先进的湿法冶炼工艺和具有自主知识产权的非盐酸体系电积产品生产工艺，及多级净化提纯生产设施，不但使产品档次和质量居国内领先地位，更为生产的更大发展创造了技术保障平台。公司已制订并实施了一套严格的质量管理体系，该体系已通过 ISO 9001：2008 及 QC080000 质量管理体系认证。

2010 年 5 月，凯实公司所生产的 CASH 牌电钴顺利获得英国伦敦金属交易所（LME）的批准，成为 LME 钴期货合约下指定交割品牌之一。

凯实公司目前年生产能力为 4700 吨（金属量）产品；其中电钴 1200 吨/年，钴盐 1000 吨/年，电铜 2000 吨/年，电镍及镍盐 500 吨/年。

## 第九节 宁波科博特钴镍有限公司

宁波科博特钴镍有限公司是一家以研制、销售钴、镍盐类化合物和高能新材料为旗舰业务的高技术企业。公司成立于 2004 年 2 月，占地 85 亩，厂房面积 4 万平方米，坐落于杭州湾畔的余姚市小曹娥镇海涂工业区，紧靠杭州湾跨海大桥，毗邻宁波深水港，位于上海—杭州—宁波“金三角”经济圈的腹心地带，区位、交通及产业优势十分突出。

宁波科博特钴镍有限公司作为国内钴盐及高能电池新材料的重要生产基地，以核心技术研发打造企业竞争力，已有多项技术填补国内空白，并引进世界先进的湿法生产线，目前以钴金属量计达到了7000吨/年产能，形成了四氧化三钴、氧化钴等产品系列，其中四氧化三钴2010年产销量达到2000吨（实物量），名列国内前茅。产品除供应国内各大钴酸锂厂家外，同时出口韩国、日本市场，月平均出口量保持在70吨/月。

## 第十节　南京寒锐钴业股份有限公司

南京寒锐钴业股份有限公司为股份制企业，位于南京市江宁开发区内，创立于1997年，注册资本9000万元，经过十几年的跨越式发展，成长为如今拥有三个实业公司、一个国际贸易公司，涵盖钴铜矿开采、冶炼、电解铜、电解镍、钴粉及其他钴基粉体研发、生产和销售为一体的跨国企业。南京寒锐钴业股份有限公司及旗下拥有的刚果（金）迈特矿业有限公司（Metal Mines SPRL）和江苏润捷新材料有限公司构成了寒锐企业跨国经营的实体。

南京寒锐钴业股份有限公司核心产品为金属钴粉，年产能达1500吨金属量。产品广泛运用于硬质合金、金刚石工具、电池材料和磁性材料等10多个不同领域，产品畅销20多个国家和地区，分别在韩国、日本、瑞士、美国、以色列、南非、印度等国家建立了代理机构。寒锐公司作为享誉全球范围内顶级公司的钴粉首选供应商之一，不仅是中国精细钴粉的领跑者，同时也是世界钴粉行业的核心供应商。

公司于 2001 年通过 ISO 9001：2000 国际质量管理体系认证；自 2006 年以来，公司连续被评为江苏省高新技术企业和江苏省著名商标；自 2007 年以来，公司连续被南京市国地税局授予 A 级纳税人称号，同时被地方政府授予纳税功臣企业称号；公司连续多年获得省级重合同守信用企业，并连续在多家银行内部信用等级评定中获得 AA 级和 AAA 级信用企业。

企业以研发、市场、产出作为发展的主线，始终确保公司产品质量处于世界钴粉前沿水平，为全球客户提供全方位钴粉专属订制服务。

# 附　录

## 附录一　64种有色金属元素

64种有色金属包括：铝、镁、钾、钠、钙、锶、钡、铜、铅、锌、锡、钴、镍、锑、汞、镉、铋、金、银、铂、钌、铑、钯、锇、铱、铍、锂、铷、铯、钛、锆、铪、钒、铌、钽、钨、钼、镓、铟、铊、锗、铼、镧、铈、镨、钕、钐、铕、钆、铽、镝、钬、铒、铥、镱、镥、钇、钪、硅、硼、硒、碲、砷、钍。

有色金属又分为轻金属、重金属、稀有金属和贵金属。

（1）轻金属：7种，铝、镁、钾、钠、钙、锶、钡（其中钾、钠、钙、锶、钡5种一般为化工系统的产品）。

（2）重金属：10种，铜、铅、锌、镍、钴、锡、锑、铋、镉、汞。

（3）稀有金属：35种，又细分为四类：

1）稀有轻金属4种（在稀有金属中密度最小）：锂、铍、铷、铯。

2）稀有难熔金属8种（在金属中熔点较高）：钨、钼、钽、铌、钛、锆、铪、钒。

3）稀散金属 7 种（矿体生成极为分散、且多为与其他矿物共生、非经准确的全分析不易发现）：镓、铟、铊、锗、硒、碲、铼（有的分法，将铼分为难熔金属）。

4）稀土金属 16 种（其氧化物似土，故名）：镧、铈、镨、钕、钐、铕、钆、铽、镝、钬、铒、铥、镱、镥、钇、钪。

（4）贵金属：8 种，金、银、钌、铑、钯、锇、铱、铂。

（5）其他有色金属：4 种，硅、砷、硼、钍。

# 附录二 元素周期表

| 周期 | IA | IIA | IIIB | IVB | VB | VIB | VIIB | VIII | VIII | VIII | IB | IIB | IIIA | IVA | VA | VIA | VIIA | |
|---|---|---|---|---|---|---|---|---|---|---|---|---|---|---|---|---|---|---|
| 1 | 1 H 氢 1.0079 | | | | | | | | | | | | | | | | | 2 He 氦 4.0026 |
| 2 | 3 Li 锂 6.941 | 4 Be 铍 9.0122 | | | | | | | | | | | 5 B 硼 10.811 | 6 C 碳 12.011 | 7 N 氮 14.007 | 8 O 氧 15.999 | 9 F 氟 18.998 | 10 Ne 氖 20.17 |
| 3 | 11 Na 钠 22.9898 | 12 Mg 镁 24.305 | | | | | | | | | | | 13 Al 铝 26.982 | 14 Si 硅 28.085 | 15 P 磷 30.974 | 16 S 硫 32.06 | 17 Cl 氯 35.453 | 18 Ar 氩 39.94 |
| 4 | 19 K 钾 39.098 | 20 Ca 钙 40.08 | 21Sc 钪 44.956 | 22 Ti 钛 47.9 | 23 V 钒 50.9415 | 24 Cr 铬 51.996 | 25Mn 锰 54.938 | 26 Fe 铁 55.84 | 27 Co 钴 58.9332 | 28 Ni 镍 58.69 | 29 Cu 铜 63.54 | 30 Zn 锌 65.38 | 31 Ga 镓 69.72 | 32 Ge 锗 72.59 | 33 As 砷 74.9216 | 34 Se 硒 78.9 | 35 Br 溴 79.904 | 36 Kr 氪 83.8 |
| 5 | 37Rb 铷 85.467 | 38 Sr 锶 87.62 | 39 Y 钇 88.906 | 40 Zr 锆 91.22 | 41 Nb 铌 92.9064 | 42Mo 钼 95.94 | 43 Tc 锝 97.99 | 44 Ru 钌 101.07 | 45 Rh 铑 102.906 | 46 Pd 钯 106.42 | 47Ag 银 107.868 | 48Cd 镉 112.41 | 49 In 铟 114.82 | 50 Sn 锡 118.7 | 51Sb 锑 121.7 | 52 Te 碲 127.6 | 53 I 碘 126.905 | 54 Xe 氙 131.3 |
| 6 | 55Cs 铯 132.905 | 56 Ba 钡 137.33 | 57-71 La-Lu 镧系 | 72Hf 铪 178.49 | 73 Ta 钽 180.947 | 74 W 钨 183.8 | 75 Re 铼 186.207 | 76 Os 锇 190.2 | 77 Ir 铱 192.2 | 78 Pt 铂 195.08 | 79 Au 金 196.967 | 80Hg 汞 200.5 | 81 Tl 铊 204.3 | 82 Pb 铅 207.2 | 83 Bi 铋 208.98 | 84 Po 钋 (209) | 85 At 砹 (201) | 86 Rn 氡 (222) |
| 7 | 87 Fr 钫 (223) | 88 Ra 镭 (226.03) | 89-103 Ac-Lr 锕系 | 104 Rf 𬬻 (261) | 105Db 𬭊 (262) | 106 Sg 𬭳 (263) | 107Bh 𬭛 (264) | 108 Hs 𬭶 (265) | 109Mt 鿏 (268) | 110 Ds 𫟼 (269) | 111 Rg 𬬭 (272) | 112Cn 鿔 (277) | | | | | | |

| | | | | | | | | | | | | | | | |
|---|---|---|---|---|---|---|---|---|---|---|---|---|---|---|---|
| 镧系 | 57 La 镧 138.905 | 58 Ce 铈 140.12 | 59 Pr 镨 140.91 | 60Nd 钕 144.2 | 61 Pm 钷 (147) | 62Sm 钐 150.4 | 63 Eu 铕 151.96 | 64 Gd 钆 157.25 | 65 Tb 铽 158.93 | 66 Dy 镝 162.5 | 67Ho 钬 164.93 | 68 Er 铒 167.2 | 69Tm 铥 168.934 | 70 Yb 镱 173.0 | 71 Lu 镥 174.96 |
| 锕系 | 89 Ac 锕 (227) | 90 Th 钍 232.0381 | 91Pa 镤 231.03588 | 92 U 铀 238.02891 | 93 Np 镎 (237) | 94 Pu 钚 (239.244) | 95Am 镅 (243) | 96Cm 锔 (247) | 97 Bk 锫 (247) | 98Cf 锎 (251) | 99 Es 锿 (252) | 100Fm 镄 (257) | 101Md 钔 (258) | 102No 锘 (259) | 103Lr 铹 (260) |